Zeichen der Liebe

Das Katecheten-Handbuch

Zeichen der Liebe

Das Katecheten-Handbuch

Der Vorbereitungskurs auf Beichte & Erstkommunion

benno

Bibliografische Information Der Deutschen Bibliothek

Die Deutsche Bibliothek verzeichnetdiese Publikation
in der Deutschen Nationalbibliografie;detaillierte
bibliografische Daten sind im Internet
über http://dnb.ddb.de abrufbar.

Autoren	Annegret Beck,
	Kerstin Czwienczek,
	Claudia Franke,
	Susanne Henning,
	Ralf Knauer,
	Michael Poschlod,
	Anne Rademacher
Illustrationen	Ursula Harper, München

Der Verlag hat sich bemüht, alle Inhaber von Rechten in Erfahrung zu bringen. Für weitere Hinweise sind wir dankbar.

ISBN 978-3-7462-2233-2
© St.Benno-Verlag GmbH
Stammerstr. 11, 04159 Leipzig
www.st-benno.de
Gestaltung: Ulrike Vetter, Leipzig, unter Verwendung eines Fotos von ©mauritius images/
Photo Researchers und einer Illustration von Ursula Harper, München
Gesamtherstellung: Arnold & Domnick, Leipzig

Inhalt

Jesus Christus – Zeichen der Liebe Gottes zu uns

Die Kirche – Zeichen der Liebe Gottes zu uns

Das Sakrament der Versöhnung – Zeichen der Liebe Gottes zu uns

Die heilige Messe – Zeichen der Liebe Gottes zu uns

Das eucharistische Brot – Zeichen der Liebe Gottes zu uns

Ich selbst – Zeichen der Liebe Gottes zu uns

Elternarbeit zum Kommunionkurs »Zeichen der Liebe«

Materialanhang

»Zeichen der Liebe«: Ein neuer Erstkommunionkurs – Wozu dieses Material?

Was erwarten Sie von einem Erstkommunionkurs? Dass er kein »Schnellschuss« ist, der sich nahtlos in die Eventkultur unserer Zeit einfügt, sondern aus praktischer Erfahrung und theologischer Reflexion erwachsen ist? Dass Kinder dabei mehr erleben und erfahren als Basteln und Brotbacken? Dass sie Wege zur Mitte des christlichen Glaubens finden – auf kindgerechte Weise und zugleich so, dass ein echtes, fürs ganze Leben tragfähiges Glaubensfundament entstehen kann? So hohe Erwartungen dürfen Sie ruhig haben. Genau das ist nötig, um Kindern und ihren Familien die Gabe des Glaubens als Schatz zu erschließen. Weniger ist zu wenig.

Mit dem neuen Erstkommunionmaterial »Zeichen der Liebe« wollen wir uns diesem Anspruch stellen. Kinder, ihre Eltern und Katechetinnen oder Katecheten sind eingeladen, Zeichen der Liebe Gottes in ihrem Leben zu entdecken und zum Sprechen zu bringen. Das Unterrichtswerk richtet sich an Pfarrgemeinden in einem zunehmend säkularen Umfeld, die darüber nachdenken, was für junge Christen heute notwendig sein könnte, wenn sie sich auf den Weg zu einem mündigen Christsein begeben, und die sie auf ihrer Suche unterstützen möchten. Das ist nur einer von vielen guten Gründen, genau dieses Erstkommunionwerk zu wählen. Hier stehen noch mehr – »Zeichen der Liebe« ist …

… ein Begleitbuch für den Glauben …

Das Kinderbuch »Zeichen der Liebe«, das die Kinder selber mitgestalten und so mit Leben erfüllen, kann zum Begleitbuch des eigenen Glaubens werden.

… mit einem heilsgeschichtlichen Ansatz

»Zeichen der Liebe« zielt in seiner theologischen Anlage auf die Mitte katholischen Christseins: Gott will das Heil für den Menschen und für diese Welt und er will es gemeinsam mit dem Menschen wirken. Die Einladung, Gottes Heilswillen für diese Welt und für das eigene Leben mitzuwollen, ergeht also an alle und ermutigt schon die Kinder zu einer ihnen gerechten Antwort.

... für Kinder in einer säkularisierten Welt

»Zeichen der Liebe« ist aus der Praxis der Diaspora heraus entstanden. Im Autorenteam haben sich hauptamtliche KatechetInnen, Pädagoginnen und TheologInnen mit ganz unterschiedlichen Erfahrungen und Erfahrungszugängen zur Arbeit in der Vorbereitung zur Erstkommunion zusammengefunden, um ein sowohl didaktisch als auch theologisch stimmiges Konzept der Erstkommunionarbeit zu entwerfen und umzusetzen. Weil die Diaspora von heute ein Stück der Kirche von morgen in einem zunehmend säkularisierten Raum widerspiegelt, ist »Zeichen der Liebe« ein Material zur Erstkommunionvorbereitung, das auch in kirchlich anders geprägten Regionen Wege des Glaubens eröffnen hilft.

... für unterschiedliche organisatorische Voraussetzungen

»Zeichen der Liebe« bietet die Möglichkeit, den Kurs auf ganz unterschiedliche Gruppengrößen und Unterrichtssituationen abzustimmen. Neben einem wöchentlichen Unterricht, der durch einen hauptamtlichen Katecheten begleitet wird, bieten sich mit diesem Material sowohl Wochenenden als auch Kleingruppenunterricht mit ehrenamtlichen Katecheten zur Vorbereitung auf die Erstkommunion an. Das hier vorliegende Katecheten-Handbuch mit seinen detailliert ausgearbeiteten Katechesen kann dabei als Leitfaden der Arbeit sowohl für ehrenamtlich engagierte Laien als auch für theologisch und didaktisch versierte Profis in der Gemeindearbeit dienen und im Zusammenhang mit einer gezielten Einführung auch von Eltern oder Paten für die Hinführung zur Erstkommunion genutzt werden.

... nicht ohne die Familien

»Zeichen der Liebe« bezieht über den eigens für das Erstkommunionmaterial konzipierten und empfohlenen Familienkalender »Zeichen der Liebe« auch die Familien der Erstkommunionkinder in den Weg zur Erstkommunion ein und lässt so auf spielerische Weise den Glauben im Alltag der Familie Gestalt gewinnen.

... mit Hilfen für die Eltern

»Zeichen der Liebe« stellt den Kapiteln des Erstkommunionunterrichts begleitende Anregungen für eine thematische Elternarbeit zur Seite und bietet ein eigenes Handbuch für Eltern. Dadurch wird es möglich, das Glaubensfundament der Erwachsenen zu stärken und sie auskunftsfähig für ihre Kinder zu machen.

... damit Kinder sich in der Gemeinde zu Hause fühlen können

»Zeichen der Liebe« bindet die Erstkommunionvorbereitung in das Leben der Pfarrgemeinde ein. Die zu jeder Katechese gehörenden Ideen für die Gestaltung einzelner Elemente des darauffolgenden Sonntagsgottesdienstes machen auf natürliche Weise die Kinder mit dem Gottesdienst und die Gemeinde mit den Erstkommunionkindern vertraut. Weil die Kinder dadurch bereits in die Öffentlichkeit eines selbst mitgestalteten Gottesdienstes hineinwachsen, gewinnen sie Sicherheit für die Feier ihrer Erstkommunion und können das Fest so konzentrierter mitfeiern.

Was können wir voraussetzen? – Kinder auf dem Weg zur Erstkommunion

Die Kinder wahrnehmen

In vielen unserer Pfarrgemeinden finden sich die Kinder als absolute Minderheit in der Erwachsenengemeinde vor. Der Weg zur Erstkommunion möchte Kinder nicht nur an dieses Sakrament heranführen, sondern sie in den katholischen Glauben und in die Gemeinschaft der Glaubenden vor Ort hineinwachsen lassen. Häufig befinden sie sich in ihrer Umgebung, in der Schulklasse, in ihrem Wohnumfeld und manchmal sogar in der eigenen Familie »in einer Minderheit« als Christ. Sich ganz bewusst auf den Weg des Christwerdens zu begeben, ist für Kinder im Grundschulalter deshalb alles andere als einfach oder normal, selbst da, wo ein volkskirchliches Milieu manche Selbstverständlichkeit in kirchlichen Abläufen (Feste, Religionsunterricht u. ä.) vorgibt. Trotzdem bringen sie Voraussetzungen mit, die fruchtbare Lernprozesse gestalten helfen.

Zugänge erleichtern

In der dritten Klasse, in der normalerweise der Erstkommunionunterricht stattfindet, befinden sich Kinder in einer Altersphase, in der sie beginnen, genau nachzufragen: Warum ist etwas so und nicht anders? Was ist richtig und was falsch? Was ist gerecht und was ungerecht? Welche Bedeutung habe ich in dieser Welt, in meiner Umgebung, meiner Familie? Sie sind in ihrer eigenen Sprachwelt gut zu Hause und können sie eigenständig bzw. angeleitet ausweiten. Begegnen ihnen fremde Sprachwelten, benötigen sie plausible Zugänge, um sich in ihnen zurecht zu finden oder sie gar zu ihren eigenen zu machen. Dies wird gerade der Erstkommunionunterricht zu berücksichtigen haben, in dem Kinder gemeinsam lernen sollen, die unterschiedlich stark im Glauben beheimatet sind. Manche von ihnen werden ganz selbstverständlich mit dem Gebet und mit den Festen im Kirchenjahr vertraut sein, anderen mutet das Reden von Gott und der Bibel womöglich fremd an und findet kaum Anknüpfungspunkte im Denken und im Leben.

Anschaulichkeit

Kinder in diesem Alter können unabhängig von ihren religiösen Einstellungen eine beeindruckende Sensibilität für die großen Fragen der Menschheit entwickeln. Sie suchen ihren eigenen Platz und übernehmen im Allgemeinen gern Verantwortung. Dabei ist es wichtig, dass der Bereich dafür recht konkret ist und das Handeln möglichst praktisch ausgerichtet. Andererseits lassen Grundschulkinder auch gern ihrer Phantasie freien Lauf.

Auch das Lernen benötigt anschauliche Anknüpfungspunkte. Grundschulkinder können jedoch bereits abstraktere Zusammenhänge erfassen und auch Übertragungen in die nicht sinnlich erfassbare Gedankenwelt leisten. Deshalb bieten Bilder und Bildworte, Symbole und ihre Bedeutung gute Möglichkeiten, religiöses Lernen anzustoßen. Viele Kinder gestalten gern, ob beim Malen, Ausschneiden und Kleben oder im Rollenspiel, und machen so ihr Denken anschaulich. Dem kommt die phantasiereiche Gestaltung des Kinderbuches entgegen.

Gemeinschaft

Gemeinschaft – egal in welchen Größenverhältnissen – ist eine wichtige Stütze für den Glaubensweg der Kinder. Sie sollen sich zunehmend sowohl in der Kindergruppe als auch in der Erwachsenengemeinde beheimatet fühlen können. Deshalb wird es notwendig sein, möglichst vielfältige Gemeinschaftsangebote in den Erstkommunionkurs einzubinden. Diese reichen von katechetischen Kleingruppen über Eltern-Kind-Wochenenden bis hin zur aktiven Mitgestaltung der Sonntagsgottesdienste während des Vorbereitungsjahres auf die Erstkommunion. Dabei können solche Zugänge zum Glauben wie der der Gemeinschaft und der des Verständnisses für gottesdienstliche Vollzüge auf ganz natürliche Weise angeboten oder vertieft werden. Auch für die Familien soll das Jahr ein besonderes werden, weshalb zum Unterrichtswerk ein begleitender Familienkalender zur Verfügung gestellt wird.

Ein Glaubensfundament legen

Schließlich bilden der Erstkommunionunterricht und die Feier der Erstkommunion eine wesentliche Etappe auf dem Glaubensweg der Kinder und reichen deshalb in die Zukunft hinein. Deshalb ist unter den derzeitigen gesellschaftlichen Verhältnissen daran zu denken, dass der Erstkommunionunterricht einen wesentlichen Beitrag dazu leisten will, Kinder in einen lebenstragenden Glauben einzuführen, der über die Kindheit hinausreichen soll. Es ist also ein Fundament zu legen, das wesentliche Pfeiler des Christseins bereitstellt und Orientierung bietet. Der Erstkommunionunterricht leistet damit einen wichtigen Beitrag auf dem Weg zu einem mündigen Christsein. »Zeichen der Liebe« möchte den Kindern ein Gespür dafür vermitteln, wie sie immer neu eigene Zugänge zum Glauben entdecken können.

Was dürfen wir glauben? – Die theologische und didaktische Struktur des Erstkommunionkurses »Zeichen der Liebe«

Die theologische Grundidee dieses Kurses

Dem Erstkommunionkurs »Zeichen der Liebe« liegt ein heilsgeschichtlicher Ansatz zugrunde. Gott liebt die Menschen, die er geschaffen hat: »Gott schuf also den Menschen als sein Abbild; als Abbild Gottes schuf er ihn. Als Mann und Frau schuf er sie. Gott segnete sie ... Gott sah alles an, was er gemacht hatte: Es war sehr gut« (Gen 1,27-28.31). Diese Liebe Gottes drückt sich in der Heilsgeschichte Gottes mit den Menschen aus. Am Beginn der Heilsgeschichte schließt Gott mit den Menschen einen Bund und gibt ihnen dafür das Zeichen des Regenbogens: »Und Gott sprach: Das ist das Zeichen des Bundes, den ich stifte zwischen mir und euch und den lebendigen Wesen bei euch für alle kommenden Generationen: Meinen Bogen setze ich in die Wolken; er soll das Bundeszeichen sein zwischen mir und der Erde« (Gen 9,12f.). Dieses Bundeszeichen galt nicht nur Noach und dem Volk Israel, sondern es gilt auch uns heute in unserer Zeit. Die Farben des Regenbogens durchziehen deshalb auch das Erstkommunionbuch der Kinder.

Neben dem Regenbogen hat Gott aber noch andere Zeichen seines Heils für die Menschen gesetzt. Das größte unter ihnen ist sein Sohn, Jesus Christus, der als Mensch auf die Welt kam, um uns durch seinen Tod und seine Auferstehung zu erlösen. »Denn vor allem habe ich euch überliefert, was auch ich empfangen habe: Christus ist für unsere Sünden gestorben, gemäß der Schrift, und ist begraben worden. Er ist am dritten Tag auferweckt worden, gemäß der Schrift« (1 Kor 15,3f.). Weitere Zeichen dieser Liebe Gottes zu den Menschen sind die Kirche und die Sakramente. Sie wollen Leuchtpunkte für uns sein, damit wir Gottes Heil sehen und begreifen können.

Der Aufbau des Kurses: Sieben Zeichen der Liebe Gottes

Der Regenbogen – Zeichen der Liebe Gottes zu uns

Der Kurs »Zeichen der Liebe« folgt den Farben des Regenbogens und besteht deshalb aus sieben Themenkomplexen. In einem ersten Themenkomplex soll der Regenbogen als Heilszeichen Gottes für uns Menschen vorgestellt werden. Dieses Zeichen, das Noach im Alten Testament von Gott empfangen hat, soll deutlich machen, dass Gott das Heil für die Menschen will. »Balle ich Wolken über der Erde zusammen und erscheint der Bogen in den Wolken, dann gedenke ich des Bundes, der besteht zwischen mir und euch und allen Lebewesen, allen Wesen aus Fleisch, und das Wasser wird nie wieder zur Flut werden, die alle Wesen aus Fleisch vernichtet« (Gen 9,14f.). Gott steht auf der Seite der Menschen und will mit ihnen auf dem Weg sein. Hier soll auch Raum für eine Einführung in den Kurs sein.

Jesus Christus – Zeichen der Liebe Gottes zu uns

In einem zweiten Themenkomplex soll Jesus im Mittelpunkt stehen. Er ist sichtbares Zeichen dafür, dass Gott mit den Menschen zusammen auf dem Weg ist. Wenn Jesus Menschen begegnet, dann werden die Menschen heil. Blinde können sehen, Lahme gehen und Taube können hören. »Er [Jesus] antwortete den beiden: Geht und berichtet Johannes, was ihr gesehen und gehört habt: Blinde sehen wieder, Lahme gehen, und Aussätzige werden rein; Taube hören, Tote stehen auf, und den Armen wird das Evangelium verkündet« (Lk 7,22). Viele andere Geschichten im NT geben Zeugnis von der heilsamen Begegnung mit Jesus. Aber Jesus bringt nicht nur Heil, sondern er beruft Menschen in seine Nachfolge. Er holt die Menschen von ihrer Arbeit und ihrem Haus und ermöglicht ihnen, in seiner Gegenwart die Liebe Gottes zu erfahren und sie anderen weiterzugeben.

Die Kirche – Zeichen der Liebe Gottes zu uns

Der dritte Themenkomplex wendet sich den konkreten Möglichkeiten unserer Zeit zu, das Heil Gottes zu erspüren. Gott hat durch Jesus nicht nur die Jünger in seine Heilsgemeinschaft gerufen, sondern er ruft auch jeden Einzelnen von uns, in seiner Kirche Heil zu sehen und zu erfahren. Der Mensch hat durch die Taufe Anteil an Christi Tod und Auferstehung. »Wisst ihr denn nicht, dass wir alle, die wir auf Christus Jesus getauft wurden, auf seinen Tod getauft worden sind? Wir wurden mit ihm begraben durch die Taufe auf den Tod; und wie Christus durch die Herrlichkeit des Vaters von den Toten auferweckt wurde, so sollen auch wir als neue Menschen leben. Wenn wir nämlich ihm gleich geworden sind in seinem Tod, dann werden wir mit ihm auch in seiner Auferstehung vereinigt sein« (Röm 6,3-5). Er ist in den Heilsplan Gottes hineingenommen. Er wird Kind Gottes und Erbe seines Reiches. »Daher bist du nicht mehr Sklave, sondern Sohn; bist du aber Sohn, dann auch Erbe, Erbe durch Gott« (Gal 4,7). Der Getaufte darf teilhaben am Heilsplan Gottes.

Das Sakrament der Versöhnung – Zeichen der Liebe Gottes zu uns

Ein vierter Themenkomplex nimmt die Schuld des Menschen in Augenschein. Wenn der Mensch teilhat am Heilsplan Gottes, kann er auch sehen, dass er in seinem Leben nicht immer diesem Anspruch gerecht wird. Doch der Christ weiß um die Chance, diese Schuld vor Gott hinzutragen und dadurch zur Wiederherstellung des Heils in seiner ganz konkreten Lebenswelt und darüber hinaus beizutragen. Gott vergibt dem bereuenden Menschen voll und ganz. Das Sakrament der Buße mit dem Priester als direktem Ansprech- und Gesprächspartner ist eine große Möglichkeit, die Liebe Gottes direkt zu erfahren. Denn es gilt die Zusage, die Jesus den Jüngern nach seiner Auferstehung gab: »Wem ihr die Sünden vergebt, dem sind sie vergeben; wem ihr die Vergebung verweigert, dem ist sie verweigert« (Joh 20,23). Der Mensch betrachtet sein Leben mit Licht- und Schattenseiten im Angesicht Gottes. Dann kann er seine Schuld vor Gott erkennen, bekennen und Vergebung erlangen. Und er kann aus tiefstem Herzen den Glauben an Gott bekennen, an Gott, der in seiner großen Liebe das Heil der Menschen will.

Die heilige Messe – Zeichen der Liebe Gottes zu uns

Ein fünfter Themenkomplex beschäftigt sich mit dem Gottesdienst der Kirche, der heiligen Messe. In den Gottesdiensten feiert die Gemeinschaft der Gläubigen die Heilstaten Gottes: »Denn sooft ihr von diesem Brot esst und aus dem Kelch trinkt, verkündet ihr den Tod des Herrn, bis er kommt« (1 Kor 11,26). Sie versammelt sich um den Tisch des Herrn, um auf sein Wort zu hören und um in der Mahlfeier seinem Tod und seiner Auferstehung zu gedenken. Die Liturgie ist Höhepunkt und Quelle des kirchlichen Tuns (vgl. SC 10) und soll so auch in das Bewusstsein der Kinder gelangen.

Das eucharistische Brot – Zeichen der Liebe Gottes zu uns

Daran anschließend nimmt ein sechster Themenkomplex die Realpräsenz Jesu Christi in der Eucharistie in den Blick. Es soll deutlich werden, dass im eucharistischen Brot wahrhaft Christus gegenwärtig ist: »Das ist mein Leib« (1 Kor 11,24). Dieses »Geheimnis des Glaubens« soll für die Kinder spürbar werden. Außerdem ist das Zeichen des Leibes Christi im eucharistischen Brot ein sichtbares Zeichen der heilenden Gegenwart Gottes unter den Menschen, das Objekt der Anbetung ist.

Ich selbst – Zeichen der Liebe Gottes zu uns

Mit dieser Gewissheit der Gegenwart Gottes unter den Menschen kann sich der letzte Themenkomplex der Mitwirkung der Getauften am Heilsplan Gottes widmen. Wir werden, so wie die Jünger, in die Welt gesandt, um von Gottes Liebe allen zu erzählen. »Darum geht zu allen Völkern, und macht alle Menschen zu meinen Jüngern; tauft sie auf den Namen des Vaters und des Sohnes und des Heiligen Geistes, und lehrt sie, alles zu befolgen, was ich euch geboten habe. Seid gewiss: Ich bin bei euch alle Tage bis zum Ende der Welt« (Mt 28,19f.). Die Geschichte Gottes mit den Menschen hört mit diesem Kurs nicht auf, sondern geht weiter. Der Bund Gottes mit den Menschen besteht weiter und der Regenbogen am Himmel soll uns immer daran erinnern.

Was gehört dazu? – Die Materialien für die Vorbereitung auf den Empfang des Sakraments der Versöhnung und der Erstkommunion im Überblick

Das Katecheten-Handbuch

Es enthält inhaltliche Einführungen zum jeweiligen Kapitelthema, vollständig ausgearbeitete Katechesen sowie für jedes Kapitel einen Vorschlag zur Gestaltung eines Elternabends (siehe Kapitel »Elternarbeit«). Im Materialanhang am Ende des Buches sind die kopierfähigen Arbeitsblätter und die Bezugsadressen des benötigten Materials zusammengestellt. Wie die Erzählvorlagen und Gebetsvorschläge für jede Katechese sind die Kopiervorlagen der Arbeitsblätter auch auf der beiliegenden CD-ROM zu finden und können so flexibel eingesetzt werden. Außerdem enthält die CD-ROM sämtliche Lieder aus dem Katecheten-Handbuch und dem Kinderbuch zum Anhören.

Das Kinderbuch

Das Kinderbuch will die Kinder durch das Erstkommunionjahr und darüber hinaus auf ihrem Lebens- und Glaubensweg begleiten. Die Buchgestaltung macht es erforderlich, dass jedes Kind sein eigenes Kinderbuch besitzt. Im Buch kommen neben Mal- und Schreibarbeiten auch Klebearbeiten vor, für die unterschiedliches Material gebraucht wird. Im Normalfall findet sich dieses in jedem Haushalt. Außerdem enthält das Kinderbuch Seiten, die mit Fotos, Zeichnungen und ähnlichem zu einem Erinnerungsalbum an die Erstkommunion gestaltet werden können. So wird das Buch das Kind später an den Weg zur Erstkommunion und an das Fest selbst erinnern.

Der Familienkalender

Dieser immerwährende Kalender gibt den Familien Anregungen zur Gestaltung des Familienlebens im Hinblick auf die Erstkommunion. Er orientiert sich am Jahreskreis und sieht für jede Woche gemeinsame Familienaktionen vor. Außerdem enthält der Kalender neben Geschichten, Liedern und Bastelideen auch Tipps zur langfristigen und direkten Vorbereitung des Festes der Erstkommunion, bis hin zu einem Anhang mit Spielideen für das Fest. Er ist ansprechend gestaltet und ermöglicht somit ein abwechslungsreiches Einstimmen der ganzen Familie auf das Fest der Erstkommunion.

Das Eltern-Handbuch

Es will es Eltern einladen, Antworten auf Fragen ihrer Kinder zu Themen aus Theologie und Kirche zu finden. In kompakter und übersichtlicher Form werden dabei zentrale Themen zu Glauben und Kirche erklärt: die Sakramente, die Grundlagen des katholischen Glaubens, gelebtes Christentum im Familienalltag, Gebet, Kirchenstruktur, Kirchenjahr, Ministranten, Bibel und Papst. Außerdem sind Elternbriefe darin eingelegt, die die Themen der Katechesen beleuchten und für Eltern verständlich machen. Dabei orientiert es sich an häufig gestellten Fragen von Eltern zu den einzelnen Kapithemen. Diese Briefe können an die Eltern einzeln jeweils zu Beginn eines neuen Kapitels oder als Gesamtpaket mit dem Buch ausgegeben werden.

Wie kann der Kurs durchgeführt werden? – Die Planung des Erstkommunionjahres

Das Erstkommunionwerk »Zeichen der Liebe« will ganz unterschiedlichen Situationen im Erstkommunionunterricht gerecht werden, die in der Gemeinde Tradition haben bzw. den Bedingungen der Vorbereitung entsprechen. Deshalb sind die Katechesen so angelegt, dass sie in unterschiedlich großen Gruppen stattfinden und – mit einer Einführung durch die hauptamtlichen Katecheten - auch von Tischmüttern oder sogar von den Eltern bzw. Verwandten für ein einzelnes Kind gehalten werden können.

Wo sich die Gruppen wöchentlich zum Erstkommunionunterricht versammeln, sollten mindestens 20 Unterrichtswochen mit Einheiten von 45 bis bestenfalls 90 Minuten zur Verfügung stehen. Das ist im Allgemeinen möglich, wenn der Unterricht mit dem Schuljahr beginnt und die Erstkommunion nach Ostern stattfindet. In diesem Katecheten-Handbuch findet sich die entsprechende Anzahl von Katechesen.

Zunehmend und vor allem dort, wo Kinder weite Entfernungen voneinander und vom Unterrichtsort trennen, bürgert sich die Praxis ein, Samstage für die Vorbereitung auf die Erstkommunion zu nutzen. Die sieben unterschiedlich langen Kapitel können dann auf jeweils ein bis zwei Samstage verteilt werden. Dabei bietet es sich an, Überleitungen zwischen den Kapiteln bzw. Samstagen zu schaffen und begleitende Aufträge für die »Zwischenzeit« mit nach Hause zu geben. Zum Teil sind solche Aufgaben in den Katechesen vermerkt. Eine Hilfe dafür kann auch der Familienkalender »Zeichen der Liebe« sein, der die Themen des Erstkommunionjahres für die Familien aufbereitet.

In besonderen Situationen lassen sich die Einheiten auch auf zwei Erstkommunionvor-bereitungswochen (Kapitel 1–4, Kapitel 5–7) verteilen. Überdies gibt es natürlich zahl-reiche Kombinationsmöglichkeiten aus Samstagen, Wochenenden, Wochen und Einzel-stunden.

Was geschieht in der Katechese? – Die Struktur der Treffen

Gewiss werden die Kinder das Fest ihrer Erstkommunion in Erinnerung behalten. Es ver-mittelt ihnen ja prägende Eindrücke und sie erfahren sich dabei als wichtig und ernst genommen. Doch der Weg zur Erstkommunion verdient genauso viel Aufmerksamkeit für die Prägung der Glaubensbiografie der Kinder. Erleben sie ihn nur als notwendiges Übel oder als fremdes Element in ihrem Leben oder entdecken sie in ihm Bereiche-rungen? Im Blick auf die Kinder ist klar, dass um des Glaubens willen das Beste für sie gerade gut genug ist.

Für die Katechesen bedeutet das zuerst, dass sowohl Kinder als auch der Katechet oder die Katechetin sich in der Erstkommunionvorbereitung »zu Hause fühlen«. Die Kinder brauchen dazu vor allem die Möglichkeit, in der Gruppe ankommen zu können, eine durchschaubare Struktur, interessante und abwechslungsreiche Themenangebote, die eine gute Mischung aus Besinnung und Bewegung ermöglichen, und die Kommuni-kation mit den anderen Erstkommunionkindern. Der Katechet bzw. die Katechetin be-nötigen vor allem Sicherheit im Umgang mit Inhalten und Methoden, um sie in der Katechese innerlich frei einsetzen zu können. Beiden Bedürfnissen möchte »Zeichen der Liebe« entgegenkommen.

Jede Katechese besteht aus einem einzuübenden und möglichst gleichbleibenden Anfangsritual, der thematischen Einstimmung der Kinder, einem Hauptteil und einer Vertiefung mit Hilfe der Buchgestaltung und des Gebets.

Als Anfangsritual sind solche Einstimmungen geeignet, die die Kinder zur Ruhe führen, auf die Mitte konzentrieren und für die Katechese aufschließen. Vielleicht gibt es ein Anfangsritual, das der Gruppe oder einigen Kindern bereits vertraut ist? Vielleicht haben Katechet oder Katechetin gute Erfahrungen mit einem bestimmten Ritual gemacht? Nur falls weder das eine noch das andere der Fall ist, schlagen wir hier einige Anfangs-rituale vor. Das gewählte sollte nach Möglichkeit über das Jahr hinweg nur wenig vari-iert werden.

Vorschlag 1

Eine Schwimmkerze wird in einer passenden Schüssel o. ä. herumgegeben. Vor der Katechese steht sie bereits in der Mitte eines Stuhlkreises für die Gruppe. Der Katechet entzündet die Kerze oder lässt sie durch Kinder anzünden. Er nimmt die Schüssel vorsichtig und reicht sie dem Kind neben sich. Die Kerze wandert behutsam von Kind zu Kind und wird zum Schluss wieder in der Mitte abgestellt. Während dieser Zeit sollten die Kinder (und der Katechet) schweigen und die Kerze beobachten. Dies muss vor der Einführung des Rituals betont werden, zwischendurch lohnt sich jeweils vor Beginn des Rituals immer wieder eine Erinnerung daran, allerdings sollte diese nicht zum Ritual dazugehören.

Vorschlag 2

Wenn am Beginn des Erstkommunionjahres gemeinsam eine Gruppenkerze mit dem Namen bzw. einem Symbol für jeden gestaltet wurde, so eignet sich auch diese zum Herumgeben. Ähnlich wie im ersten Vorschlag kann dieses Ritual eingeführt und begleitet werden.

Vorschlag 3

Im Normalfall sind die Kinder der Erstkommuniongruppe bereits getauft. Dann wäre es möglich, eine Weihwasserschale mit Weihwasser zur Tauferinnerung herumzugeben. (Sollte ein noch ungetauftes Kind dabei sein, so müsste dies geeignet einbezogen werden – statt der Erinnerung wäre dann die Vorbereitung zu thematisieren.) Jeweils ein Kind reicht dem nächsten die Schale hin, dieses nimmt zuerst etwas Weihwasser an die Fingerspitzen und bekreuzigt sich, bevor es dann die Schale nimmt und dem nächsten Kind reicht. Am Ende wird die Schale wiederum in die Mitte gestellt.

Die weiteren Elemente der Katechesen sind jeweils in der Ausarbeitung der Katechese erläutert. Einen langfristigen Hinweis auf Material für die Katechesen muss es im Hinblick auf das dritte und siebente Kapitel geben. Zunächst sollen die Kinder ein Foto von ihrem Wohnhaus mitbringen. In der letzten Katechese werden Fotos von Aktivitäten der Erstkommuniongruppe und der Gemeinde im Erstkommunionjahr benötigt. Rechtzeitig vor der letzten Katechese – die nach der Erstkommunion stattfindet – sollten einige Gemeindemitglieder eingeladen werden, die sich ehrenamtlich in der Gemeinde engagieren.

Wie werden die Kinder mit dem Gottesdienst vertraut? – Erstkommunionkinder im Sonntagsgottesdienst der Gemeinde

Viele Themen des Erstkommunionkurses »Zeichen der Liebe« finden sich in der Eucharistiefeier wieder. Aber nicht selten mangelt es den Kindern an Erfahrungen mit bzw. in der heiligen Messe. Dazu kommt, dass nur in wenigen Gemeinden regelmäßig Kinder- oder Familiengottesdienste stattfinden.

Der Erstkommunionkurs strebt aber an, dass die Kinder mit der Messfeier vertraut werden, um sie als Reichtum für ihr eigenes Leben begreifen zu lernen. Deshalb gibt es zu jeder Katechese eine Gottesdienstidee, die sehr einfach und auch mit wenigen Kindern in der sonntäglichen Eucharistiefeier umgesetzt werden kann. Dabei lernen die Kinder nach und nach anschaulich den Aufbau der heiligen Messe kennen und werden zu einer aktiven Beteiligung ermutigt. Gleichzeitig können die gestalteten Elemente auch eine Verbindung zwischen Erstkommunionkatechese und Gottesdienst, zwischen Erstkommuniongruppe und Pfarrgemeinde bilden.

Die Kinder gewinnen eine Sicherheit im Gottesdienst, die sich auch auf ihr Erleben der Erstkommunionfeier auswirken wird. Schließlich können die Anregungen vielleicht auch dazu beitragen, dass in jedem Sonntagsgottesdienst die gestaltbaren Elemente von ganz verschiedenen Personengruppen der Gemeinde getragen werden, die sich auch abwechseln und so zur Lebendigkeit der Feier beitragen.

Und was ist mit den Eltern und Familien der Erstkommunionkinder? – Hilfen für das Erstkommunionjahr

Das Erstkommunionkind lebt im Normalfall in einer Familie, die die Besonderheit des Vorbereitungsjahres auf ganz unterschiedliche Weise wahrnehmen kann. Vom Transport zum Veranstaltungsort der Katechesen über ein inhaltliches Interesse an den Themen bis hin zur Übernahme von Tischgruppen in der eigenen Wohnung sind ganz unterschiedliche Beteiligungsmöglichkeiten gegeben. Damit die Erstkommunionvorbereitung aber für das Kind nicht isoliert von seinen sonstigen Lebensvollzügen stattfindet, sollten alle Möglichkeiten genutzt werden, um die Eltern und Familien in diesen besonderen Weg des Kindes einzubeziehen.

»Zeichen der Liebe« wählt dazu im Wesentlichen zwei Wege.

Zu jedem Kapitel des Erstkommunionkurses gibt es am Ende dieses Katechetenhandbuches einen Vorschlag für einen Elternnachmittag oder -abend. Je drei Teile fügen sich in ihm zusammen, ein zum Kapitelthema passender, inhaltlich bestimmter Teil, ein im Hinblick auf die Organisation des Erstkommunionfestes angelegtes Element und ein Vorschlag für gemeinsame Aktionen von Eltern und Kindern.

Außerdem bietet es sich an, den Familienkalender »Zeichen der Liebe« in die Arbeit im Erstkommunionkurs einzubeziehen bzw. ihn zusammen mit dem Eltern-Handbuch den Eltern zu empfehlen oder an sie weiterzugeben.

Der Regenbogen – Zeichen der Liebe Gottes zu uns

Katechese: Gott liebt die Menschen – der Regenbogen ist ein Zeichen dafür

Einführung

Das Wichtigste in Kürze

Unser Erstkommunionkurs beginnt mit einem Zeichen, das gleichzeitig den Rahmen dieses Kurses bildet: dem Regenbogen. Er ist nicht das einzige, aber das erste Zeichen für den Heilswillen Gottes, noch dazu ein sehr anschauliches. Wenn Gott Heil wirkt, dann immer aus Liebe. So steht der Regenbogen als biblisch begründetes Zeichen der Liebe Gottes zu den Menschen.

Der Regenbogen bezeichnet außerdem den nachsintflutlichen Bund Gottes mit den Menschen. Die den ersten Kapiteln der Heiligen Schrift entnommene Zusage Gottes, nie wieder die Erde zerstören zu wollen, ist der Ausgangspunkt dieses Kurses. Von hier aus werden weitere Bundes- und Heilszeichen erschlossen: sie alle sind Zeichen der Liebe Gottes zu uns.

Die Farbe für dieses Kapitel: Rot

ROT gilt als Farbe der Liebe. Liebe zeigt sich in vielfältiger Weise und verlangt danach, in Zeichen und Taten Ausdruck zu finden. Auf diese Spur führt uns bereits das erste Kapitel: Es erzählt vom konkreten Heilshandeln Gottes an Noach, seiner Sippe und der Schöpfung überhaupt – aus Liebe.

Eigentlich ist ROT die Farbe des gesamten Kurses, weil er verschiedene Facetten der Liebe Gottes in den Blick nimmt. So soll sie bewusst am Anfang des Kurses stehen für die Grunderfahrung, die Menschen mit Gott gemacht haben und machen: ER liebt uns.

Die Erfahrungswelt der Kinder

Die Kinder haben bereits Liebe erfahren; wahrscheinlich zuerst in der Familie und auf vielfältige Weise. Die meisten von ihnen werden auch um die Liebe Gottes wissen – durch Familiengottesdienste, Religionsunterricht und andere Veranstaltungen – und dürften diese auch persönlich erfahren haben. Sie wissen, dass Liebe sich in Taten ausdrückt und so am besten sichtbar und erfahrbar wird. Es wird ihnen auch nicht fremd erscheinen, dass Gott seiner zugesagten Liebe ein Zeichen, den Regenbogen, hinzufügt.

Weil sowohl die Erfahrung von Liebe als auch das Zeichen des Regenbogens allseits bekannt sind – oft auch schon die Noach-Geschichte des Buches Genesis – dürfte den Kindern der Einstieg in den Erstkommunionkurs nicht schwerfallen.

Um den Kindern den Einstieg in den Erstkommunionkurs möglichst leicht zu machen und eine persönliche Beziehung herzustellen, empfiehlt es sich, jedem Kind sein Buch, eventuell als Geschenk verpackt, persönlich zu überreichen. Auf S.2, also gegenüber der Titelseite, ist Platz für eine Widmung. Alternativ oder zusätzlich dazu könnte der Einführungstext auf S.11, in dem das Kind persönlich angesprochen wird, mit einer individuellen Anrede (Lieber Florian, liebe Dorothea u.s.w.) und einer Unterschrift gestaltet werden.

Liebe Dorothea

Sieht er nicht toll aus? Der Regenbogen! Allzu oft bekommt man ihn nicht zu Gesicht! Wann hast du eigentlich das letzte Mal einen Regenbogen beobachtet? Erinnerst du dich daran? Einen echten Regenbogen können wir dir nicht bieten, aber seine Farben sollen dich durch deinen Erstkommunionkurs und durch dieses Buch begleiten.

Für die Menschen ist ein Regenbogen immer etwas Besonderes! Wohl deshalb hat Gott ihn zum Zeichen seiner Liebe gemacht. Sie ist immer da, auch wenn wir sie nicht jeden Tag sehen und spüren. Manchmal können wir die Spuren der Liebe Gottes entdecken, so wie wir einen Regenbogen überraschend zwischen Sonnenschein und Regen am Himmel sehen.

Dann sind wir begeistert von seiner Farbenpracht. Stell dir einmal vor, der Regenbogen hätte nur eine Farbe: du würdest ihn kaum bemerken. Die sieben Farben gehören zusammen. Auch dein Leben als Christ kann farbenprächtig sein: Taufe, Gottesdienst am Sonntag, Kindernachmittag in der Gemeinde, Religionsunterricht, Kirchweihfest, Krippenspiel an Weihnachten, zur Osternacht am Feuer stehen, bald auch der Kommunionempfang.

Die Farben des Regenbogens werden dich in deinem Erstkommunionkurs begleiten. Du findest sie in diesem Buch. Jedes der sieben Kapitel ist mit einer anderen Farbe gekennzeichnet. Alle Kapitel zusammen ergeben einen Regenbogen.

Für deinen Weg zur Erstkommunion wünschen wir dir, dass du viele Spuren der Liebe Gottes entdeckst. Wir sind uns sicher, dass dein Leben dann sehr bunt sein wird.

Dein Pfarrer Lehmann

Katechese:
Gott liebt die Menschen – der Regenbogen ist ein Zeichen dafür

→ Kinderbuch S. 12–15

Ziel Die Kinder erkennen, dass Gott den Menschen liebt und dass diese Liebe, die durch den Bund Gottes mit Noach besiegelt wurde, bis heute in der Frohen Botschaft des Evangeliums fortwirkt.

Phase	Interaktion	Material
Ankommen	Anfangsritual	Namenskärtchen
Einstieg	Kreisbild betrachten gelenktes Gespräch	gestaltete Mitte mit Regenbogentuch, roter Rose, Eheringen und Freundschaftsband
Hauptteil	Textbegegnung (Gen 6-9) Textreflexion: Ordnen von Bildern und freies Erzählen	Erzählvorlage Bilderfolge (vgl. Materialanhang)
	Textinterpretation: Gespräch mit Überleitung zum Kinderbuch kurze Buchbetrachtung	Kinderbücher »Zeichen der Liebe« (evtl. als Geschenk verpackt), Regenbogenbuntstifte, Papier, Buntstifte, Schere, Klebestreifen Kinderbuch
	Arbeit im Buch: Merksatz eintragen, Lied singen	
Abschluss	Zusammenfassung und Gebet	Gebetsvorschlag

▶ Ablauf der Katechese

Ankommen

Die Kinder versammeln sich um die gestaltete Mitte und werden vom Katecheten (K) begrüßt. Wenn die Kinder sich noch nicht kennen, kann sich eine spielerische Kennenlernrunde anschließen, die die Namenskärtchen nutzt. K stimmt die Kinder auf den gemeinsamen Weg zur Erstkommunion ein. Das Anfangsritual wird eingeführt (vgl. S. 18).

Einstieg

K lenkt den Blick der Kinder auf die gestaltete Kreismitte und stellt Fragen z. B. → *Woran denkst du, wenn du unsere Mitte anschaust? Warum schenken sich Menschen rote Rosen, Freundschaftsbänder, Eheringe?* ... Gemeinsam erarbeiten die Kinder, dass alle diese Zeichen Ausdruck von Freundschaft und Liebe unter Menschen sind. K motiviert die Kinder, beim Hören der biblischen Geschichte darüber nachzudenken, warum auch der Regenbogen solch ein Zeichen der Liebe ist und sie durch dieses Jahr begleiten wird.

Hauptteil

Die Kinder hören die Bibelgeschichte nach Gen 6–9 (freies Erzählen – vgl. Erzählvorlage –, Vorlesen, Kassette/CD hören), in der der Bund Gottes mit den Menschen (vgl. Gen 9,12-16) besonders betont wird.

Um die Geschichte im Anschluss noch einmal zu vertiefen, ordnen die Kinder gemeinsam die Bilder zur Geschichte in eine passende Bilderfolge. K hat die Bilder aus dem Materialanhang dazu kopiert (bei größeren Erstkommuniongruppen evtl. auch vergrößert), ausgeschnitten und in die Mitte gelegt, so dass alle sie sehen können. Beim Ordnen der Bilder wird die Geschichte durch die Kinder nacherzählt.

Nun folgt ein Gespräch zur Bedeutung des Regenbogens in der Geschichte. Dabei sollen die Kinder den Regenbogen als eine Erinnerung an Gottes Liebe zu den Menschen erkennen. K verwendet hier für den Regenbogen den Begriff »Zeichen der Liebe« und erklärt,

25

dass der Regenbogen das begleitende Zeichen auf dem gemeinsamen Weg zur Erstkommunion sein wird.

Nun wird zur Begegnung mit dem Kinderbuch übergeleitet, indem der mit einem Regenbogen illustrierte Bucheinband betrachtet und der in der Textinterpretation erarbeitete Titel gelesen wird.

Nach kurzem Anschauen und Blättern – jetzt können die Kinder auf S. 14/15 auch nachsehen, ob ihre Bilderfolge stimmt – erfolgt die erste Arbeit im Buch: Eintragen des eigenen Namens (mit Regenbogenbuntstift) auf die Seite 4 und Sammlung der Unterschriften der anderen Kinder auf Seite 7, Regenbogen malen, ausschneiden und ins Buch kleben (S. 12), sowie Notieren des Kernsatzes »*Der Regenbogen ist ein Zeichen der Liebe Gottes zu uns Menschen.*« (S. 13).

Abschließend wird das Lied »Regenbogen – buntes Licht« aus dem Buch gesungen.

Abschluss

Die Gruppe versammelt sich noch einmal im Kreis. K fasst die Arbeit zusammen: → *Es gibt Zeichen der Liebe zwischen Menschen und Zeichen der Liebe Gottes zu uns Menschen. Eins davon ist der Regenbogen; weitere werden wir bis zur Erstkommunion noch kennenlernen.*

K beschließt mit einem Gebet die Katechese, in dem dafür gedankt wird, dass Gott das Gute und Heilvolle für uns Menschen will (Gebetsvorschlag).

 Gebetsvorschlag

Guter Gott, du hast uns diese wunderschöne Welt gegeben, um für uns zu sorgen. Du hast Noach versprochen, die Erde nie wieder zu zerstören. Dein Versprechen gilt auch heute. Jeder Regenbogen erinnert uns an deine Liebe. Guter Gott, wir danken dir.

Erzählvorlage für die biblische Geschichte

In der Bibel steht eine Geschichte, die uns erzählt, wie der Regenbogen zum Zeichen für Gottes Liebe zum Menschen wurde. Schon seit einiger Zeit beobachtete Gott das Treiben der Menschen auf der Erde voller Sorge. Die Menschen wurden immer gemeiner, hinterlistiger und böser. Sie belogen und betrogen einander. Jeder dachte nur noch an sich selbst, keiner kümmerte sich mehr um den anderen. Darüber geriet Gott in großen Zorn. Er bereute, dass er den Menschen die Erde geschenkt hatte. So beschloss Gott, das Leben der Menschen auf der Erde durch eine gewaltige Flut auszulöschen.

Doch nicht alle Menschen sollten sterben. Ein Mann sollte mit seiner Familie diese Flut überleben. Dieser Mann hieß Noach und Gott hatte ihn gern, denn Noach war ein gerechter und guter Mann, der auf Gott vertraute. So sprach Gott eines Tages zu Noach: »Noach, höre mich an! Weil die Menschen böse und gemein sind, bereue ich, dass ich ihnen das Leben geschenkt habe. Deshalb will ich sie durch eine große Flut vernichten. Doch du, Noach, sollst mit deiner Familie am Leben bleiben. Darum baue mit deinen Söhnen ein starkes Schiff – eine Arche – in das du mit deiner Familie gehen sollst! Nimm außerdem von allen Tieren je ein Paar mit! Sie werden mit euch in der Arche überleben.« So begannen Noach und seine drei Söhne mit dem Schiffsbau. Ihre Frauen halfen und trugen reichlich Vorräte zusammen, denn die Erde würde viele Monate lang vom Wasser bedeckt bleiben. Die Menschen, die das alles sahen, spotteten über Noach, und über seine Warnungen lachten sie nur verächtlich. Noach aber baute unbeirrt weiter und als die Arche fertig und alles vorbereitet war, zogen Menschen und Tiere gemeinsam in das große Schiff.

Bald darauf begann ein gewaltiger Regen. Es regnete unaufhörlich – Tag und Nacht. Die Arche wurde vom steigenden Wasser vom Boden gehoben und schwamm durch peitschenden Regen und tobende Stürme. »Wie lange soll das noch so weitergehen?«, seufzte Noachs Frau besorgt. Noach tröstete sie: »Wir sind mit den Tieren in unserer Arche sicher und geborgen. Gott ist bei uns. Hab keine Angst!« Gott ließ es 40 Tage und 40 Nächte regnen. Die Erde war über und über mit Wasser bedeckt, selbst die höchsten Berge waren nicht mehr zu sehen.

Noach, seine Familie und sogar die Tiere waren froh, als es endlich zu regnen aufgehört hatte. So lebten sie alle eng, aber zufrieden miteinander viele Wochen lang auf ihrem Schiff, das nun ruhig dahinglitt.

Eines Tages wurde die Arche von einem mächtigen Stoß erschüttert. Noach wusste sofort, was das zu bedeuten hatte. Er rief voller Freude: »Wir sind auf Grund gelaufen. Das Wasser ist gesunken, bald wird die Erde wieder trocken sein.«

Nach einigen Tagen ließ Noach eine Taube fliegen. Er wollte sehen, ob sie schon irgendwo einen Platz fände, auf dem sie sich niederlassen könnte. Aber die Taube kam am Abend wieder und Noach sagte: »So hat die Taube noch keine trockene Stelle gefunden.« Nach einer Woche schickte Noach die Taube wieder los. Wie staunten alle, als der Vogel mit einem frischen Olivenzweig im Schnabel zurückkehrte. »Auf der Erde wachsen und gedeihen wieder Pflanzen«, lachte Noachs Frau glücklich. Nun dauerte es nicht mehr lange, und Menschen und Tiere konnten die Arche verlassen und sich auf der grünenden und blühenden Erde eine neue Heimat suchen.

Noach versammelte sich mit seiner Familie zum Gebet und sie dankten Gott, dass er sie gerettet und ihnen einen neuen Anfang geschenkt hatte. Da segnete Gott Noach und dessen Frau sowie die Söhne und deren Frauen: »Seid fruchtbar und bevölkert die Erde! Solange die Erde besteht, soll es auch Aussaat und Ernte, Kälte und Hitze, Sommer und Winter, Tag und Nacht geben.« Und Gott beschloss für alle Zeiten, die Erde nie wieder zu zerstören. Er sprach zu Noach: »Heute schließe ich meinen Bund mit dir und mit allen Menschen. Nie wieder sollen Menschen und Tiere vom Wasser einer Flut ausgerottet werden; nie wieder soll eine Flut kommen und die Erde vernichten. Ich übergebe euch die Erde. Sorgt für sie und für alle Lebewesen, so wie ich für euch sorge.« Gott setzte einen Regenbogen an den Himmel und sagte: »Seht den Bogen in den Wolken! Er ist das Zeichen für den Bund, den ich zwischen mir und allen Lebewesen geschlossen habe. Er steht als Zeichen meiner Liebe zu den Menschen am Himmel.«

(nach Gen 6-9)

 Ideen für den Gottesdienst

Im folgenden Sonntagsgottesdienst werden die Erstkommunionkinder kurz vorgestellt. Der Katechet oder Pfarrer bittet die Gemeinde um ihre begleitende Unterstützung durch Gebetspatenschaften: Die Namen aller Erstkommunionkinder stehen auf kleinen Zetteln, die in einem Körbchen liegen (eventuell Namenskärtchen aus der Katechese) oder auf Kerzen. Die Gemeindemitglieder werden angeregt, sich am Ende des Gottesdienstes ein beliebiges Namenszettelchen (Kerze) zu nehmen und für dieses Kind während der Vorbereitungszeit zur Erstkommunion zu beten. (Die Gebetspaten könnten sich in eine aushängende Übersicht der Erstkommunionkinder eintragen.) Die Kinder singen ihr Lied »Regenbogen – buntes Licht«.

Jesus Christus – Zeichen der Liebe Gottes zu uns

Katechese I: Jesus segnet die Kinder – denn Gott mag Kinder

Katechese II: Jesus beruft Menschen – damit sie wie er Gottes Liebe weitergeben

Katechese III: Jesus heilt Bartimäus – denn Gott will unser Heil

Katechese IV: Jesus vertraut Gott bis in den Tod – Gott schenkt neues Leben

Einführung

Das Wichtigste in Kürze

Die Liebe Gottes zeigt sich besonders in der Menschwerdung Gottes in der Person Jesu, des Christus. Er ist unüberbietbares Zeichen für Gottes Liebe, weil er sich selbst schenkt – zum Heil für die Menschen.

Auch wenn die Person des Gottessohnes weithin bekannt sein dürfte, gehört sie doch in den Erstkommunionkurs, weil ohne Jesus Christus kein Bußsakrament und keine Eucharistie denkbar sind. So werden hier gleichzeitig Voraussetzungen für die folgenden Kapitel geschaffen.

Dabei muss deutlich gesagt werden, dass Jesus Christus mehr ist als ein Zeichen. Durch sein Leben und Sterben bringt er das Heil und wird selbst zum Heil für die Menschen aller Zeiten. Sein ganzes Wirken, wie es von den Evangelisten erzählt wird, offenbart die Liebe Gottes. Jesus Christus wirkt Heil im Namen seines Vaters und in der Kraft des Heiligen Geistes. Auf dieses Heilshandeln blicken die Katechesen des zweiten Kapitels. Schließlich hat dieser Abschnitt auch eine ethische Komponente: das Handeln Jesu Christi fordert seine Nachfolger, die Christen, zu ebensolchem Handeln heraus. Insofern ist die Betrachtung des Lebens Jesu auch mit der Gestaltung des eigenen Lebens verknüpft.

Die Farbe für dieses Kapitel: Orange

ORANGE ist die Farbe des Wohlfühlens, der Harmonie und der Aufmerksamkeit; meint aber mehr als das, was allseits unter »Wellness« verstanden wird: Es steht für das tiefe Verständnis mit sich selbst, mit der Welt und mit Gott. Der Weg zu dieser tiefen Einheit ist Jesus Christus, der eins ist mit dem Vater und dem Heiligen Geist und der die Menschen aus allen Lebenssituationen in diese Einheit und Geborgenheit führen möchte.

Die Erfahrungswelt der Kinder

Die Kinder erleben sich und ihr Verhalten seit Jahren mehr oder weniger bewusst und können eine Fülle an Erfahrungen mit sich selbst vorweisen. Einige grundlegende Befindlichkeiten werden in diesem Kapitel beleuchtet und mit der Person Jesu in Verbindung gebracht. Dies geschieht aber nicht nur, um Jesus besser kennenzulernen sondern um in seiner Begegnung mit Menschen in verschiedensten Situationen sich selbst zu begegnen. Hier könnte auch eine Schwierigkeit liegen: Einigen Kindern werden die Jesus-Geschichten vertraut sein, was Langeweile zur Folge haben könnte. Für andere wird es eine erste Auseinandersetzung mit dem Gottessohn sein und zusätzliche, grundsätzliche Fragen wachrütteln, die hier gar keine Rolle spielen sollten und vom Unterrichtsziel ablenken könnten.

Der Fahrplan für dieses Kapitel

Die Katechesen beginnen bei den guten und froh machenden Erfahrungen des Angenommenseins (verbunden mit der biblischen Kindersegnung) und des Schon-etwas-Könnens. Wenn auch die Dankbarkeit angesichts unserer Veranlagungen und Talente nicht zu kurz kommen sollte, wird in der zweiten Katechese bereits die Brücke geschlagen zur eigenen Verantwortung und zur Einübung eines christlichen Lebensstils. Diese Hinführung wird in allen weiteren Kapiteln immer wieder aufgegriffen und entsprechend fortgesetzt.

Nach diesem positiven Zugang können wir den Schritt zu schwierigeren Situationen wagen: zu unserer Unfertigkeit und Unvollkommenheit, zu Krankheit, Angst und Tod (bekräftigt durch die biblische Bartimäus-Geschichte und Ausschnitte aus der Passion) Ohne dieses Erleben zu verharmlosen, soll jedoch gerade daran sichtbar werden, wie großartig Gottes Wirken in unserem Leben erfahren werden kann.

Katechese I: Jesus segnet die Kinder – denn Gott mag Kinder

→ Kinderbuch S. 16–19

Ziel Die Kinder lernen Jesus als einen kennen, der Kinder in den Mittelpunkt rückt und erfahren sich als von Gott angenommen, so wie sie jetzt sind.

Phase	Interaktion	Material
Ankommen	Anfangsritual	
Einstieg	Singen gelenktes Gespräch	CD oder Liedblätter »Ich bin die Pippi Lang-strumpf« (auf der CD *Hey, Pippi Langstrumpf*)
Hauptteil	meditative Einzelarbeit gelenktes Gespräch Textbegegnung: Mt 19,13ff, freies Erzählen Aktion: Segensritus gelenktes Gespräch Gebet	Kinderbuch Erzählvorlage evtl. Schellendeckel und Schlägel Gebetsvorschlag
Abschluss	Kernsatz im Buch ergänzen Lied »Gott mag Kinder«	Kinderbuch

▶ Ablauf der Katechese

Ankommen
Die Katechese beginnt mit dem Anfangsritual, um die Aufmerksamkeit der Kinder zu bündeln.

Einstieg
K macht die Erfahrung einer glücklichen Kindheit bewusst, indem er mit den Kindern z. B. das Lied der Pippi Langstrumpf mehrmals singt. Im Anschluss bedenkt K mit den Kindern die Frage: Was ist das Besondere am Leben der Pippi Langstrumpf? → *Sie ist*

frei, geliebt, neugierig, kann sich austoben, benutzt alle Sinne, gestaltet ihre Welt, lebt im Augenblick, ist echt, anspruchslos im Materiellen ...

Alternativ kann auch das Lied: »Gott mag Kinder« (Seite 19) gesungen werden. Im Anschluss wird überlegt: Warum mag Gott gerade Kinder so gern?

Hauptteil

Um sich ihrer Kindheitsgefühle bewusst zu werden, denken die Kinder nun über ihr eigenes Leben nach. Sie betrachten im Buch auf Seite 16 die Kinderfigur. In das »Gras« schreiben sie Situationen, in denen sie sich wohlfühlen. Ihre Träume und Wünsche schreiben sie in die Gedankenblasen der Figur. Anschließend fragt K: *Warum können so viele Wünsche nicht in Erfüllung gehen?* Im Gespräch sollte deutlich werden, dass wir in einer Welt leben, in der häufig Erwachsene die Maßstäbe setzen. Zur Ermutigung der Kinder verweist K auf die Zeit Jesu und erzählt die Geschichte von der Segnung der Kinder (Mt 19, 13ff. – vgl. Erzählvorlage). Damit auch die Kinder die wohltuende Geste Jesu an sich erfahren können, darf sich jedes Kind einzeln in die Mitte stellen und wird vom K gesegnet. Der Segen kann auch hörbar gemacht werden, indem über den Kopf des Kindes ein großer Schellendeckel gehalten wird und dieser bei den Segensworten angeschlagen wird.

K reflektiert im Gespräch mit den Kindern das eben Erlebte und erweitert diese Erfahrung auf den Alltag hin, indem er fragt: *Wo standet ihr schon einmal im Mittelpunkt? Wann würdet ihr gern einmal im Mittelpunkt stehen?* K lässt die Erfahrungen und Wünsche der Kinder in ein Gebet münden (vgl. Gebetsvorschlag).

Abschluss

Die Kinder ergänzen den Kernsatz »Von Jesus weiß ich ...« in ihrem Buch (Seite 19) mit »Gott liebt die Kinder besonders«. Sie überlegen gemeinsam, was alles ein wohltuender Segen sein kann. Sie singen das Lied »Gott mag Kinder«.

Gebetsvorschlag

Jesus, du hast Kindern die Hände aufgelegt und sie gesegnet. Manchmal sehnen wir uns danach, so wie die Kinder damals im Mittelpunkt zu stehen. Lass dann Menschen bei uns sein, durch die wir deine Liebe erfahren. Amen.

 Erzählvorlage für die biblische Geschichte

Wenn Jesus mit seinen Jüngern durch die Städte und Dörfer zog, drängten sich oft viele Menschen um ihn herum, so dass man gar nicht nahe an ihn herankam. Einmal waren auch viele Eltern mit ihren Kindern dabei. Die Mütter wollten ihre Kinder zu Jesus bringen, damit sie ihn genau anschauen konnten. Die Jünger aber hatten nur die Erwachsenen im Blick und wollten die Kinder nicht zu Jesus lassen. Sie sagten: «Was wollt ihr denn hier? Ihr versteht doch noch gar nicht, was Jesus den Großen erzählt.« Als Jesus das hörte, wurde er ärgerlich und sagte: »Schickt die Kinder nicht weg! Bringt sie zu mir! Denn Gott liebt die Kleinen genau so wie die Großen.« Jetzt endlich konnten die Kinder zu Jesus kommen. Jesus sprach mit ihnen. Er rief jedes einzelne beim Namen zu sich, legte ihm die Hände auf und segnete es. Das war ein ganz besonderer Tag für die Kinder und noch lange konnten sie sich an das Gefühl der warmen Hände auf ihrem Kopf erinnern.

Ideen für den Gottesdienst

Der Schlusssegen wird erweitert. Die Kinder dürfen nach vorn kommen und werden einzeln mit Handauflegung gesegnet.

Katechese II:
Jesus beruft Menschen – damit sie wie er Gottes Liebe weitergeben

> **→ Kinderbuch S. 20–23**

Ziel Die Kinder lernen Jesus kennen, als einen, der Menschen beruft, ihre Fähigkeiten in seinen Dienst zu stellen. Sie begreifen ihre Talente als Geschenke Gottes, die sie dankbar wahrnehmen dürfen, um sie in die Gemeinschaft einzubringen.

Phase	Interaktion	Material
Ankommen	Anfangsritual	
Einstieg	Sprechmottenspiel	
Hauptteil	mediative Einzelarbeit und Austausch	schmale Papierstreifen Ich-Männlein (vgl. Materialanhang)
	Textbegegnungen: Lk 5,1-11 – freies Erzählen und Gestalten des Bodenbildes	Erzählvorlage blaue und braune Tücher, Netz, Papierboote evtl. Jesusfigur und Jüngerfiguren
	Textreflexion: Ergänzen des Bodenbildes, gelenktes Gespräch Textinterpretation: deutendes Gebet	großes, orangefarbenes Tuch, Ich-Männlein und Papierstreifen mit Talenten Gebetsvorschlag
	Arbeit im Buch	Kinderbuch
Abschluss	gelenktes Gespräch und Einzelarbeit im Buch	Kinderbuch

▶ Ablauf der Katechese

Ankommen

Die Kinder stimmen sich mit dem Anfangsritual auf die Katechese ein.

Einstieg

K beginnt eine Sprechmotette: er sagt: »Heute habe ich schon ... (Zähne geputzt)«. Die Kinder ergänzen reihum jeweils eine Tätigkeit, ohne dabei eine bereits genannte zu wiederholen. Wem keine Tätigkeit mehr einfällt, der muss ausscheiden. Wenn nur noch ein Spieler übrig ist, weist K auf die Fülle dieser Tätigkeiten hin. →*Ihr habt heute eine ganze Menge getan. Ihr könnt schon sehr viel. Genau das ist in unserer heutigen Stunde sehr wichtig.* Er lenkt den Blick auf die besonderen Fähigkeiten, indem er die zweite Sprechmotette beginnt: »Ich kann schon gut ...«.

Hauptteil

Die Kinder erhalten ein vorbereitetes Ich-Männlein und schmale Papierstreifen. Sie schreiben ihre erkannten Fähigkeiten auf die Papierstreifen, legen diese an das dazugehörige Körperteil des Ich-Männleins und stellen ihr Ergebnis der Gruppe vor.

Jedes Kind lässt sein Ich-Männlein zunächst vor sich liegen. K leitet zur biblischen Erzählung (Lk 5,1-11) über (vgl. Erzählvorlage), die durch gleichzeitiges Gestalten des Bodenbildes anschaulich gemacht wird (blaues Tuch für den See, braune spitz aufgestellte Tücher als Berge, Papierboote, Netze – z. B. Obstnetz, evtl. Figuren. Ein Originalbild des Sees Gennesaret findet sich im Kinderbuch.

K denkt mit den Kindern zusammenfassend über die Fähigkeiten der Fischer und den Auftrag Jesu nach. Dabei wird das Netz als Zeichen für die bereits vorhandenen Fähigkeiten der Fischer gedeutet. Zur Übertragung der Geschichte auf die Situation der Kinder wird das orangefarbene Tuch um das bereits vorhandene Bodenbild gelegt. Darauf legen die Kinder ihre Ich-Männlein und dazu ein aus den Papierstreifen gestaltetes

Fischernetz. Im Gebet (vgl. Gebetsvorschlag, im Kinderbuch auf S. 22) werden der Dank für die Fähigkeiten und die Bitte um Offenheit für den Ruf Jesu vor Gott gebracht.
Die Kinder kleben die Papierstreifen mit ihren Talenten als Netz auf das Fischernetz im Buch S. 22 ein, das ausgemalte Ich-Männlein kann auf S. 18 eingeklebt werden. K erklärt dazu: *Jesus stellt auch euch in die Mitte.*

Abschluss

Gemeinsam überlegen die Kinder, wie sie ihre Talente gut einsetzen können. Die Ideen werden auf die Vorhabenzettel an der Pinnwand im Buch S. 23 geschrieben. Jedes Kind wählt für sich ein Vorhaben aus, dass es bis zur nächsten Katechese verwirklicht haben will.

 Erzählvorlage für die biblische Geschichte

Heute möchte ich euch erzählen, was Jesus tat, wenn er die Fähigkeiten anderer Menschen entdeckte.
Jesus lebte in einem Land, in dem es einen großen See gibt, den See Gennesaret. Um diesen See herum gab es viele Berge. Die Menschen, die am See wohnten, waren häufig Fischer von Beruf. Schon in der Morgendämmerung mussten sie auf den See hinausfahren, um ihre Netze auszuwerfen. Nur dann konnten sie damit rechnen, einige Fische zu fangen, die sie später auf dem Markt verkaufen wollten. Kamen sie vom Fischen zurück, so wuschen sie ihre Netze und spannten sie zum Trocknen auf. Manchmal mussten sie auch schadhafte Stellen flicken. Jesus hatte die Arbeit der Fischer häufig beobachtet und kannte sie deshalb ganz genau.
Eines Tages ging er am Ufer des Sees entlang und sah dort zwei Boote liegen. Die Fischer standen bis zu den Knien im See und wuschen ihre Netze. Am Ufer stand ein fast leerer Fischbottich und einer der Fischer sagte zum anderen: »Wieder eine Nacht umsonst gearbeitet. Mit diesen wenigen Fischen müssen wir nicht erst auf den Markt gehen. Sie reichen gerade für unser eigenes Mittagessen.« Da kam Jesus zu ihnen. Er sagte: »Fahrt sofort noch einmal auf den See hinaus!« Simon, einer von den beiden, schaute ihn erstaunt an: »Jetzt, mitten am Tag, wo die Sonne scheint?« Doch weil er sah, dass Jesus es ernst meinte, besann er sich: »Wenn du es sagst, fahren wir noch einmal hinaus!« Das taten sie und sie fingen eine so große Menge Fische, dass ihre Netze zu reißen drohten. Deshalb riefen sie die Fischer, die noch am Ufer standen, um Hilfe. Gemeinsam zogen sie zwei volle Boote mit Fischen an Land und alle, die hinzugelaufen waren, staunten sehr. Simon aber war sehr erschrocken. Noch bevor er etwas sagen konnte, sprach Jesus

ihn an: »Simon, fürchte dich nicht. Von jetzt an wirst du Menschen fangen!« Weil sie von dem, was sie mit Jesus erlebt hatten, so beeindruckt waren, ließen Simon und seine Gefährten alles stehen und liegen und folgten Jesus nach.

 Gebetsvorschlag

Herr Jesus Christus, du siehst die Fischer und ihre Netze. Du siehst auch uns mit dem, was wir gut können. Lass uns diese Talente nicht für uns behalten, sondern hilf uns, sie für andere einzusetzen und damit Gottes Liebe weiterzugeben.

 Ideen für den Gottesdienst

Zur Gabenbereitung bringen die Kinder neben Brot und Wein auch ein Netz und Symbole für ihre eigenen Talente nach vorn (z. B. einen Fußball, ein Lesebuch, ein Geschirrhandtuch, einen Briefumschlag, ...). K, der Priester oder ein Kind erläutern die »Gaben«: *Im Erstkommunionunterricht haben wir in dieser Woche über unsere Fähigkeiten nachgedacht. Gott hat sie uns geschenkt, damit wir ihm und einander dienen können. Deshalb gehören sie beim Gottesdienst mit an den Altar. Wir alle, die wir hier zum Gottesdienst versammelt sind, können einen Moment lang nachdenken, was wir als Gabe mitbringen.*

Kathechese III: Jesus heilt Bartimäus – denn Gott will unser Heil

→ Kinderbuch S. 24 –27

Ziel Die Kinder erfahren die wohltuende und heilsame Wirkung, wenn Menschen Jesus aufrichtig begegnen, nicht nur als vergangenes, sondern auch heute mögliches Geschehen.

Phase	Interaktion	Material
Ankommen	Anfangsritual	
Einstieg	Statuenspiel alternativ: Bildbetrachtung	Triangel alternativ: verschiedene Bilder
Hauptteil	Textbegegnung: Mk 10,46-52 – freies Erzählen Textreflexion: Nachempfinden im Spiel	Erzählvorlage
	Übertragung: gelenktes Gespräch und Statuenspiel, Aktualisierung mit Bildern und Texten	Kinderbuch
	Arbeit im Buch: Lückentext	Zeitungen, Schere, Klebestifte, Kinderbuch
Abschluss	deutendes Gebet	Gebetsvorschlag

 **Ablauf der Katechese**

Ankommen

Die Kinder sammeln sich mit dem Anfangsritual.

Einstieg

Um die Kinder auf den Zusammenhang von Körpersprache und innerer Haltung aufmerksam zu machen, beginnt die Katechese mit dem Statuenspiel. Die Kinder gehen ruhig durch den Raum und nehmen auf ein Signal (Triangel) hin eine bestimmte Körperhaltung ein, z. B.: Ich bin fröhlich, ich bin groß, ich bin angesehen, ich werde gemocht, ich bin kräftig, ich bin frei, ich lehne andere ab, ich bin wütend, ich werde selbst abgelehnt, ich werde nicht gemocht, ich bin klein, ich bin einsam, ich bin krank, ich bin hilflos, … Alternativ können auch Bilder angeschaut werden, die ähnliche Gefühle darstellen. Die Kinder sollen sich einfühlen, das Gefühl »erraten« und beschreiben, was ausgedrückt wird.

Hauptteil

Die Geschichte von der Heilung des blinden Bartimäus wird frei erzählt (vgl. Erzählvorlage). Die Kinder spielen die Heilungserzählung nun nach, um dadurch zu erspüren, dass Körperhaltungen und Krankheiten auch innere Haltungen und Gefühle ausdrücken können. Dabei können entweder die Rollen wie in der Geschichte verteilt werden (Jesus, die Jünger, Bartimäus, die Leute) oder alle Kinder spielen zur selben Zeit Bartimäus, während K die Rolle Jesu einnimmt und jeden einzeln (Bartimäus Lisa, Bartimäus Katharina, Bartimäus Franz, …) ruft . So spürt jedes Kind das Erleben des Bartimäus nach. Im zusammenfassenden Gespräch wird diese Erfahrung noch einmal hervorgehoben.

Die Übertragung der Geschichte in die Gegenwart erfolgt im Gespräch, zu dem die Bilder im Kinderbuch verwendet werden können (S. 26). Die Kinder überlegen Situationen, in denen sie selbst oder Bekannte nicht so leben konnten, wie sie wollten. Sie suchen aus den von K mitgebrachten Zeitungen Bilder oder Artikel, wo Menschen Unheil erfahren, und kleben diese ins Buch auf S. 27 ein. (Am besten eignen sich Situationen, die dem Alltag der Kinder entstammen und auf die sie tatsächlich heilend antworten können.) Sie vergegenwärtigen sich mit Hilfe der Geschichte vom blinden Bartimäus, wie Jesus in dieser Situation gehandelt hätte. Sie suchen nach Gesten des »Heilens« und erproben sie aneinander (Wiederholung und Erweiterung des Statuenspiels.) Abschließend wiederholen sie die Geschichte durch Ausfüllen des Lückentextes im Kinderbuch (S. 24/25).

Abschluss

K beschließt die Katechese mit einem Gebet (vgl. Gebetsvorschlag) und dem Hinweis, in der kommenden Zeit besonders auf wohltuende Gesten zu achten.

Erzählvorlage für die biblische Geschichte

Bartimäus, der Sohn des Timäus, war von Geburt an blind. Schon solange er denken konnte, brachte ihn jemand am Morgen an die Straße und holte ihn am Abend wieder ab. In der Zwischenzeit saß er dort mit einer kleinen Schale in der Hand und bat die Vorübereilenden: »Eine kleine Gabe, bitte eine kleine Gabe, ich bin blind!« Ihr müsst nämlich wissen, dass es damals keine Versicherungen gab und dass Leute, die nicht arbeiten konnten, meist den ganzen Tag mit Betteln beschäftigt waren. Nur selten blieb jemand bei Bartimäus stehen. Noch seltener beugte sich einer zu ihm herab und sprach ein Wort mit ihm. Manchmal hörte er aber eine Münze in seiner Schale scheppern und am Klang konnte er genau erkennen, welches Geldstück es war. Wenn die Sonne besonders hoch stand und kaum Menschen vorbeikamen, döste er manchmal vor sich hin und träumte davon, wie herrlich es sein müsste, sehen zu können: Mit den anderen durch die Straßen eilen, eine richtige Arbeit haben, die Bäume und Tiere sehen können, und am Gesicht eines Menschen erkennen, ob der gut und schlecht gelaunt ist. Das wäre schön!

In einer solchen Mittagszeit passierte es. Bartimäus hatte schnell gemerkt, dass heute etwas anders war. Die Leute waren lauter als sonst. Alle rannten in eine Richtung und als er jemandem zurief, was denn los sei, rief der zurück: »Jesus kommt in unsere Stadt. Ich muss schnell weiter, um ihn nicht zu verpassen.« Bartimäus war sofort hellwach. Jesus? Dieser Wunderheiler, von dem die Leute manchmal sprachen, der sollte in seine Nähe kommen? Sofort fing Bartimäus an zu schreien: »Jesus, Sohn Davids, hab Erbarmen mit mir!« Immer wieder wiederholte er: »Jesus, Sohn Davids, hab Erbarmen mit mir! Jesus!« Es dauerte nicht lange, da befahlen ihm die Menschen ringsherum: »Schweig, dieser Jesus hat anderes zu tun, als sich um dich zu kümmern.« Doch Bartimäus rief nur noch lauter. »Jesus, Sohn Davids, hab Erbarmen mit mir!« Plötzlich veränderten sich die Leute. Sie sprachen ihn an: »Los, steh auf, geh zu ihm, er ruft dich!« Sofort sprang Bartimäus auf, ließ seine Schale fallen und stolperte Jesus direkt vor die Füße. Dieser berührte ihn sanft und sprach ihn an: »Bartimäus, was soll ich dir tun?« Bartimäus stammelte vor Glück: »Ich will sehen können!« Da sagte Jesus zu ihm: »Geh, dein Glaube hat dir geholfen.« Und sogleich konnte Bartimäus sehen, all die Menschen, die Häuser, die Bäume und Jesus. Und die Bibel sagt: Von diesem Tag an folgte er Jesus nach.

Gebetsvorschlag

Herr Jesus Christus, du hast den blinden Bartimäus sehend gemacht, denn Gott will, dass die Menschen heil sind. Sei mir nahe, wenn ich nicht heil bin. Schenke mir dann die heilmachende Begegnung mit anderen Menschen. Lass auch mich für andere heilsam sein. Amen.

Ideen für den Gottesdienst

Der Friedengruß wird im Sonntagsgottesdienst besonders gestaltet, z. B. durch einen Versöhnungstanz, Lied mit Gesten, Händekette durch die gesamte Gemeinde usw. Sollte das Weiterreichen des Friedensgrußes in der Gemeinde noch nicht gebräuchlich sein, so könnte es hier als Beginn einer Tradition eingeführt werden.

Katechese IV:
Jesus vertraut Gott bis in den Tod – Gott schenkt neues Leben

→ **Kinderbuch S. 28–31**

Ziel Die Kinder schöpfen aus der Begegnung mit Tod und Auferstehung Jesu Mut für Angstsituationen im eigenen Leben.

Phase	Interaktion	Material
Ankommen	Anfangsritual	
Einstieg	stummer Impuls Momenterzählung Gespräch	schwarzes Tuch Erzählvorlage I
Hauptteil	Textbegegnung: Passion freies Erzählen mit Rück- fragen, Gespräch Momenterzählung	Erzählvorlage II Erzählvorlage III
	Übertragen auf Passion Jesu Textreflexion: Arbeit im Buch	Kinderbuch/Bilder des Kreuzwegs Meditationsmusik
	Textbegegnung und evtl. Spiel: Ostererzählung	Erzählvorlage IV
Abschluss	Osterlied alternativ Gebet	Kinderbuch Gebetsvorschlag

 **Ablauf der Katechese**

Ankommen

Das Anfangsritual sammelt die Kinder für die Katechese.

Einstieg

K breitet in der Mitte ein schwarzes Tuch aus und beginnt mit der Momenterzählung »Jonas hat Angst« (Erzählvorlage I). Im Anschluss spricht er mit den Kindern über von ihnen erlebte Angstsituationen. Zusammenfassend leitet er dazu über, dass die Bibel auch von der Angst Jesu erzählt.

Hauptteil

K erzählt aus der Passionsgeschichte die Abendmahlsszene bis zum Gebet Jesu am Ölberg (Erzählvorlage II). Im Gespräch mit den Kindern problematisiert er die Frage, ob Jesus wohl den richtigen Umgang mit seiner Angst gewählt hat, wenn er »nur« beten geht. Als Illustration kann die Momentgeschichte des Anfangs weitererzählt werden (Erzählvorlage III).

Im Gespräch erkennen die Kinder, dass das Vertrauen auf einen Anderen Vertrauen in sich selbst bewirken kann, so dass die gleiche Situation plötzlich anders aussieht. Sie begreifen, dass Jesus selbst in seiner eigenen Todesangst noch zeigt, wem wir wirklich vertrauen können und wie unser Vertrauen wachsen kann.

Die Passion Jesu wird mit Hilfe der Kreuzwegbilder im Buch weitererzählt, wobei betont wird, dass Jesus in jeder Situation darauf vertraut, dass Gott auch im Leid das Heil schaffen will. Beim Tod Jesu am Kreuz und bei der Grablegung kann K die Frage noch zuspitzen, ob Jesus mit seinem Vertrauen wirklich Recht hatte.

Im Anschluss gestalten die Kinder bei meditativer Musik die Kreuzwegstation »Jesus stirbt am Kreuz« im Buch. (Das könnte auch als Hausaufgabe aufgegeben werden.) Man könnte auch in die Kirche gehen und den dortigen Kreuzweg mit dem im Buch vergleichen.

K greift nun die Trostlosigkeit der Karfreitagssituation auf und erzählt von den Erfahrungen der Jünger am Ostermorgen (Erzählvorlage IV). Es bietet sich an, während der Erzählung von den Kindern die Rolle der Maria von Magdala pantomimisch mitspielen zu lassen. (Maria geht traurig, gebeugt, verzweifelt, langsam, schleppend zum Grab, sie sieht und hört nichts von der Natur; auf dem Rückweg fliegt sie vor Freude und jubelt.)

Abschluss

Das Gruppentreffen wird mit einem Gebet (Gebetsvorschlag) oder dem Osterlied im Kinderbuch abgeschlossen.

Wichtig: Die Kinder müssen gebeten werden, zur folgenden Katechese ein Foto von ihrem Haus mitzubringen!

 **Erzählvorlage I**

Jonas ist bei seinem Freund zum Spielen. Sie haben so intensiv an der Burg gebaut, dass es plötzlich draußen stockdunkel geworden ist. Eigentlich müsste er längst zu Hause sein, Mutter wartet sicher schon mit dem Abendbrot. Er wird ihr erzählen, wie toll ihre Burg schon aussieht und wie rasch der Nachmittag vergangen ist, aber davor muss er erst einmal zu Hause ankommen. Eigentlich geht er ja gar nicht gern allein durch die dunklen Gassen nach Hause. Aber soll er seine Angst zugeben? Mutig macht er sich auf den Weg. Wie dunkel es heute ist. Der Wind weht kalt und unfreundlich durch die Baumwipfel, die gespenstisch knarren. Kein Mensch ist auf der Straße zu sehen, oder doch? Hat er da nicht eben Schritte hinter sich gehört? Er bleibt kurz stehen, um dann gleich loszurennen. Die winzigen Lichter der Straßenlaternen fliegen an ihm vorbei. Nach einer Weile geht ihm die Puste aus und er bleibt stehen. Er horcht ganz genau. Die Angst kriecht in seinem Nacken empor und lähmt ihn jetzt. Wenn er doch bloß schon zu Hause wäre.

Erzählvorlage II für die biblische Geschichte

Bisher haben wir vor allem von Menschen gehört, die allen Grund hatten, Jesus dankbar zu sein und die auch seine Freunde wurden. Aber es gab auch andere Leute damals in Israel. Denen passte es nicht, wie Jesus von Gott erzählte und dass er ihn seinen Vater nannte. Deshalb wollten sie ihn umbringen. Jesus wusste das. Trotzdem ging er zum Paschafest der Juden nach Jerusalem. Er lud seine Jünger ein, dieses Fest mit ihm zu feiern. Aber jedes Wort an diesem Abend machte deutlich, dass er von seinem nahen Tod wusste. Er wusste sogar, dass einer seiner Jünger, Judas, ihn verraten wollte. Aber er ließ es geschehen. Mit einigen der Jünger ging er nach dem Mahl in den Garten Getsemani am Ölberg. Dort breitete er seine ganze Angst und Not im Gebet vor Gott aus. Er bat ihn, diese Angst wegzunehmen und ihm zu helfen, alles zu ertragen, was jetzt auf ihn zukommen würde.

📖 Erzählvorlage III

In seiner größten Angst beginnt Jonas ein kleines Lied zu singen. Er stellt sich vor, dass er mit einem berühmten Detektiv unterwegs ist und sagt zu ihm: »Ja, meinen Sie wirklich, dass der nächste Hinweis hinter diesem Baum dort ist? Dann werde ich da mal nachsehen.« Plötzlich ist er selbst ein Detektiv und hat längst nicht mehr so große Angst. Er schaut hinter jeden Baum und Strauch und sieht plötzlich wieder nur Schatten von Bäumen und nicht solche von Verbrechern. Nach gründlichem Detektivspurensuchen kommt Jonas gesund und heil zu Hause an. Seine Mama nimmt ihn froh in den Arm: »Hast du in der Dunkelheit keine Angst gehabt? Die ganze Zeit habe ich an dich gedacht. Du bist eben doch mein Großer.«

📖 Erzählvorlage IV für die biblische Geschichte

Es ist noch früh am Morgen. Maria von Magdala, eine Freundin von Jesus, die immer mit ihm und seinen Jüngern unterwegs war, hat sich auf den Weg zum Grab gemacht. Traurig lässt sie den Kopf hängen und geht mit schweren Schritten. Dabei denkt sie noch einmal an alles Gute, das Jesus getan hat. Wenn er gesprochen hat, wenn er sie anschaute ... Maria beginnt wieder zu weinen. Sie will die Sonne nicht sehen, sie kann die Vögel nicht singen hören, sie sieht die Blumen am Wegrand nicht, sie ist voller Trauer. Hatte nicht Jesus selbst immer wieder gesagt, dass alles gut ausgehen würde? Aber jetzt ist er tot und sein Vertrauen auf Gott hat ihm nichts genützt. Und Maria ist so einsam und allein ohne ihn.

Bei diesen traurigen Gedanken ist sie am Grab angekommen. Doch was ist das? Der Stein, der das Grab verschloss, ist weggerollt. Der Leichnam Jesu liegt nicht mehr im Grab. In ihrer Not glaubt Maria, jemand hat ihn weggenommen. Sie dreht sich um und will den Mann fragen, der hinter ihr steht. Sie schaut ihn groß an. Erkennt sie denn Jesus nicht? Der sagt zu ihr: »Maria.« Da fällt alles Leid von ihr ab. »Jesus«, stammelt sie, »du lebst?« Sie möchte ihn umarmen, aber Jesus bittet sie: »Halte mich nicht fest, ich muss erst zu meinem Vater gehen. Aber geh zu meinen Jüngern und sag ihnen, dass ich von den Toten auferstanden bin.«

Maria macht sich sofort auf den Heimweg. Sie rennt, ja sie fliegt regelrecht vor Freude darüber, dass Jesus lebt. Jetzt sieht sie die Sonne, jetzt hört sie die Vögel und bemerkt die bunten Farben der Blumen am Wegrand. Sie ist so glücklich, dass sie ein Lied singen muss und sie jubelt mit allen Vögeln um die Wette.

 **Gebetsvorschlag**

Guter Gott, du hast die Angst deines Sohnes gesehen und ihn im Leiden und Sterben nicht allein gelassen. Du weißt, dass auch ich manchmal große Angst habe. Lass mich dann spüren, dass du bei mir bist. Amen.

 Ideen für den Gottesdienst

Gestalten einer Kinderkreuzwegandacht.

Oder:

Für den Sonntagsgottesdienst Fürbitten als Ausdruck des Vertrauens formulieren und vortragen, z. B.:

Wir vertrauen dir die Kinder an, die Angst haben, zur Schule zu gehen.

Wir vertrauen dir die Mütter an, die nicht wissen, wie sie morgen ihre Kinder ernähren.

Wir vertrauen dir die Menschen an, die verbittert oder mutlos sind, weil sie keine Arbeit haben.

Die Kirche –
Zeichen der Liebe Gottes zu uns

Katechese I: Gott ist da – ich kann ihm in unserer Kirche nahe sein
Katechese II: Gott liebt mich – ich bin getauft mit Wasser des Lebens
Katechese III: Gott wohnt in mir – ich selbst bin das Haus für ihn

Einführung

Das Wichtigste in Kürze

Gottes Liebe konkretisiert sich in der Geschichte: Sie lässt Menschen erfahren, dass Gott mit ihnen auf dem Weg und ein zuverlässiger Begleiter ist. Wie schon das Volk Israel darf nach Jesus Christus auch das neue, aus allen Völkern gerufene Volk Gottes, die Kirche, dieser Wegbegleitung gewiss sein. Die Kirche darf als Zeichen der Liebe Gottes gesehen werden.

Gleichzeitig vermittelt die Kirche das von Gott gewirkte Heil in die Welt hinein. Insofern Kirche als Ort der Vermittlung der Liebe Gottes verstanden wird, ist sie auch Sakrament. Sie ist das Ur-Sakrament, das sich in den sieben Sakramenten konkretisiert und heilswirksam wird. Weil für den einzelnen Christen zum Auftakt der Begegnung mit der Kirche in der Regel die Taufe steht, soll von ihr ausgehend die Sakraments- und Heilsgemeinschaft in der Kirche betrachtet und erfahren werden. Die für diesen Kurs relevanten Sakramente der Buße und der Eucharistie knüpfen dann unmittelbar an den hier begonnenen Faden an.

Die Farbe für dieses Kapitel: Gelb

GELB fügt sich harmonisch in das Farb- und Themenspektrum unseres Kurses ein. Es steht für Gott, der das Licht ist und schenkt, der Jesus Christus als Licht der Welt zu den Menschen gesandt hat und der die Kirche dazu bestimmt hat, Stadt auf dem Berg und Licht für die Welt zu sein.

GELB ist auch die Farbe der Gemeinschaft – hier also der Gemeinschaft, die von Gott geschenkt und erhalten wird.

Die Erfahrungswelt der Kinder

Die Kinder erleben tagtäglich Gemeinschaft in unterschiedlichsten Zusammenhängen: in der Familie, in der Schule und im Hort, in Sportvereinen, in ihrer Religionsgruppe. Im besten Fall erleben sie letztere als eine wohltuende Gemeinschaft, mit der sie gern auf dem Weg sind – auch wenn das bisher noch nicht so ist, wird sich im Lauf des Jahres noch manches Zusammengehörigkeitsgefühl entwickeln.

Wenn sie im Verlauf des Kurses über Taufe und Kirchenzugehörigkeit sprechen, wird damit also der tiefste Grund ihrer Gemeinschaft angesprochen: nicht persönliche Sympathie ist für ihre Anwesenheit verantwortlich, sondern das gemeinsame Von-Gott-in-die-Kirche-gerufen-Sein.

Die nicht seltene Praxis, bisher kirchenferne Kinder im Rahmen der Erstbeicht- und Erstkommunionvorbereitung zu taufen, könnte der Thematik höchste Aktualität verleihen und sollte die ganze Gruppe in dieses Geschehen einbeziehen.

Der Fahrplan für dieses Kapitel

Die Katechesen schlagen anhand der Haus-Symbolik eine Brücke von den Häusern, in denen wir wohnen über die Kirche als Haus der Gottesbegegnung bis hin zu den Kindern, die selbst »Haus Gottes« sind – was gleichzeitig Freude und Verantwortungsbewusstsein wecken will. Die Taufthematik verknüpft diesen Gedankengang und steht im Zentrum dieses Kapitels.

Katechese I: Gott ist da – ich kann ihm in unserer Kirche nahe sein

→ Kinderbuch S. 32–33

Ziel Die Kinder begreifen, dass Gott ein Haus in ihrem Ort hat, in das er die Menschen ruft, um ihnen zu sagen: »Ich bin in eurer Mitte.«

Phase	Interaktion	Material
Ankommen	Anfangsritual	
Einstieg	Gestaltung eines Bodenbildes gelenktes Gespräch	Seile oder Tücher farbige kleine Hausunterlagen aus Tuch oder Tonkarton, mitgebrachte Fotos
Hauptteil	Kirchenbesuch Textbegegnung: Erzählung der Osterkerze deutendes Gebet	Osterkerze Erzählvorlage Gebetsvorschlag
Abschluss	Aktion: Schmücken der Osterkerze Festigung: Osterkerze im Buch bemalen	Blüten, Bänder, Tücher u. ä Kinderbuch

▶ **Ablauf der Katechese**

Ankommen
Die Kinder versammeln sich zum Anfangsritual.

Einstieg
K legt mit Tüchern oder Seilen ein großes Haus in die Mitte. Er fordert die Kinder auf, ihre Gedanken zu diesem Bodenbild zu äußern (vielleicht denken sie an Schule, Feuerwehr, Krankenhaus ...). K fragt die Kinder, in was für einem Haus sie wohnen. Mit Hilfe der mitgebrachten Bilder erzählen die Kinder nun von ihren Häusern: von Aussehen, Größe,

Anzahl der Bewohner, Lieblingsplatz u. a. Anschließend legen die Kinder die Fotos vor sich auf den Boden, evtl. auf eine farbige Unterlage aus Tuch oder Tonkarton, die wie ein Haus gestaltet sein könnte. (Weil die Fotos in der dritten Katechese dieses Kapitels noch einmal gebraucht werden, sollte K sie am Ende dieser Katechese einsammeln.)

Hauptteil

Während die Kinder die Augen geschlossen halten, gestaltet K das Haus in der Kreismitte zu einer Kirche um. Er lässt die Kinder die Augen öffnen und wartet deren Reaktionen ab. Mit den Kindern überlegt er die Unterschiede des Kirchenhauses gegenüber den Häusern der Kinder. Sind einige Antworten gefallen, lädt K die Kinder ein, in die Kirche zu gehen, um dort selbst nachzuschauen. In der Kirche bilden die Kinder an einem geeigneten Platz einen Kreis, von dem aus sie ihre Aussagen prüfen und ergänzen können. Um auf einen weiteren Unterschied hinweisen zu können, bittet K die Kinder, die Augen zu schließen und eine Weile geschlossen zu halten. Er nimmt dann die Osterkerze, entzündet diese, trägt sie in den Kreis hinein und geht sehr nah (und vorsichtig!) an den Gesichtern der Kinder vorbei, so dass sie das Licht und die Wärme spüren. Dann stellt er die Kerze in die Mitte. Erst dann dürfen die Kinder ihre Augen öffnen und sagen, was sie empfunden haben. Anschließend hören alle gut zu, weil die Kerze selbst ihre Besonderheit erzählt, evtl. mit akustischem Signal wie Klangschalen-, Zimbel- oder Triangelton einleiten und auch beenden (Erzählvorlage). Abschließend deutet K das Erlebte mit einem Gebet, das auch im Buch der Kinder steht (Gebetsvorschlag).

Abschluss

Die Kinder schmücken mit Blumen, farbigen Bändern, Tüchern etc. den Platz um die Osterkerze, vielleicht auch die Kirche selbst. Sie gehen zurück in den Unterrichtsraum und gestalten, wenn noch Zeit ist, die Osterkerze im Buch. Sonst wird dies als Hausaufgabe erteilt.

📖 Erzählvorlage

Liebe Kinder, es kommt nicht oft vor, dass ich erzähle. Dass ich eine besondere Kerze bin, brauche ich euch ja nicht zu sagen. Ihr habt es bestimmt schon gesehen, oder? Wenn die Besucher dieser Kirche mein Licht sehen und meine Wärme spüren, erinnern sie sich an Ostern. Ich wurde nämlich in der wichtigsten Nacht des Jahres, in der Osternacht, an einem besonderen Feuer entzündet und dann in diese Kirche getragen, die ganz dunkel war. An mir wurden dann noch viele kleine Kerzen entzündet, so dass es immer heller wurde.

In dieser Nacht feiern die Christen Gott und seine Liebe zu den Menschen. In Jesus, seinem Sohn, ist diese Liebe besonders sichtbar geworden. Ihr wisst ja schon, dass Jesus zu den kranken, armen und ausgestoßenen Menschen gegangen ist und wie er ihnen Gutes getan hat. Aus Liebe zu den Menschen hat Jesus sogar am Kreuz sein Leben hingegeben. Deshalb seht ihr auf meinem Körper auch das große Kreuz. Doch Gott hat ihn nicht im Dunkel des Todes gelassen, sondern ihn von den Toten auferweckt und ihm neues Leben geschenkt. Das macht meine Flamme deutlich. Ihr müsstet ziemlich stark pusten, um mich zu löschen. Aber ihr seht ja noch viel mehr an mir. Alpha und Omega sind der erste und der letzte Buchstabe des griechischen Alphabets und meinen, dass Jesus vom Anfang bis zum Ende, also zu allen Zeiten bei euch bleibt. Und die Jahreszahl hier bedeutet, dass dies ganz sicher auch heute gilt.

Daran erinnern sich die Menschen immer wieder, wenn sie mich hier in der Kirche sehen und sie wissen dann, dass Gott ganz nah bei ihnen ist. Sie spüren es in ihren Herzen. Vielleicht spürt ihr es jetzt auch?

Gebetsvorschlag

Guter Gott, in unserem Ort gibt es viele Häuser, in denen Menschen zu Hause sind. Auch wir haben ein Zuhause. Ein Haus in unserem Ort ist ein besonderes Haus, unsere Kirche. Wir glauben, dass wir dir in unserer Kirche ganz nah sind und du uns. Darüber sind wir froh! Amen.

Ideen für den Gottesdienst

Die brennende Osterkerze wird beim Einzug mit in die Kirche getragen. Nach einem entsprechenden Hinweis in der Statio entzünden die Kinder mit dem Licht der Osterkerze alle übrigen Kerzen. Dabei könnte die Gemeinde mit den Kyrierufen den auferstandenen Herrn in ihrer Mitte begrüßen.

Katechese II:
Gott liebt mich – ich bin getauft mit Wasser des Lebens

> → Kinderbuch S. 34–35

Ziel Die Kinder verstehen, dass sie durch die Taufe zu Gott und zur Kirche gehören und das Leben Gottes geschenkt bekommen haben.

Phase	Interaktion	Material
Ankommen	Anfangsritual	
Einstieg	Erfahrung: So ist Wasser. Pantomime: Was Wasser alles kann. alternativ: Rose von Jericho betrachten	Schüssel mit Wasser, Tuch zum Verdecken, blaues Tuch oder Tonkarton Rose von Jericho, Schale, heißes Wasser, Tuch zum Unterlegen
Hauptteil	Begegnung: Taufgegenstände betrachten	Taufgeschirr, Chrisamgefäß, Taufkerze, Taufkleid, Tücher zum Einhüllen und Unterlegen
	gelenktes Gespräch: Taufgegenstände deuten Gebet Gestaltung im Buch	Textkarten (vgl. Materialanhang) Gebetsvorschlag Kinderbuch, weißer Stoff, Schere, Klebstoff, Stifte
Abschluss	Lied singen: »Alle meine Quellen« Besuch der Kirche alternativ: Brunnentanz einüben (Tanzanleitung: vgl. Materialanhang)	Liedzettel (vgl. Materialanhang) Kirchenschlüssel CD-Spieler, CD von Loreena McKennitt, »The book of secrets«, Titel 2

Ankommen

Die Kinder versammeln sich zum Anfangsritual.

Einstieg

K hat vor der Stunde eine verdeckte Schüssel mit Wasser in die Mitte gestellt. Unter der Schale liegt ein blauer Kreis aus Tonkarton oder ein blaues Tuch. K bittet die Kinder einzeln in die Mitte und lässt sie vorsichtig mit einer Hand unter das Tuch fassen und das Wasser erspüren. Anschließend beschreiben die Kinder ihre Erfahrungen.

Danach lädt K zum Pantomimespiel ein: »Was Wasser alles kann«. Während ein Kind eine Fähigkeit des Wassers vorspielt, raten die anderen, was gemeint ist. Sollten den Kindern Ideen fehlen, so könnten zur Unterstützung Wortkarten zur Verfügung stehen *(Durst löschen, erfrischen, reinigen, Pflanzen wachsen lassen, aber auch ertränken, zerstören, …).*

Alternative: Um die Wirksamkeit des Wassers anschaulich zu machen, wäre auch der Einsatz der Rose von Jericho denkbar. Dann beobachten die Kinder die Veränderung der Pflanze, wenn sie mit warmem Wasser übergossen wird und leiten daraus die Eigenschaften des Wassers ab. (Ausprobieren, z. T. kann dies sehr lange dauern!)

Hauptteil

K fragt nach der besonderen Bedeutung des Wassers in der Kirche *(Weihwasser, Taufwasser)* und schlägt so eine Brücke zur Taufe. Er stellt die für die Taufe benötigten Gegenstände auf ein Tuch in der Mitte. (Die Spannung kann dadurch erhöht werden, dass diese in Tücher verhüllt sind und durch die Kinder nacheinander entdeckt werden.)

K klärt gemeinsam mit den Kindern, weshalb die einzelnen Gegenstände für die Taufe wichtig sind.

Die Erklärungen auf den Textkarten aus dem Materialanhang können während des Gesprächs den Gegenständen zugeordnet werden.

53

Sollten die Taufutensilien nicht vorhanden sein, können auch Bilder dieser Gegenstände aus Puzzleteilen zusammengefügt werden.

K schließt die Erarbeitung mit dem Gebet im Kinderbuch ab (Gebetsvorschlag, im Kinderbuch auf S. 35).

Anschließend ergänzen die Kinder die Buchseite.

Abschluss

K geht mit den Kindern in die Kirche und lässt den Taufbrunnen suchen. Gemeinsam singen sie dort das Lied »Alle meine Quellen entspringen in dir«. Entweder am Taufbrunnen oder am Weihwasserbecken zeichnen sich die Kinder gegenseitig ein Kreuz auf die Stirn.

Alternativ kann K mit den Kindern den »Brunnentanz« von Loreena McKennitt einüben und am Taufbrunnen tanzen.

 **Gebetsvorschlag**

Guter Gott, mit diesen Gegenständen hat jeder von uns ein Fest gefeiert, das Sakrament der Taufe. Dabei wurden wir mit Wasser übergossen und mit Chrisam gesalbt. Uns wurde ein weißes Kleid angezogen und die Taufkerze überreicht. Seitdem gehören wir zur Kirche und dürfen als deine Kinder leben. Dafür danken wir dir. Hilf uns, dass wir immer als Christen leben. Amen.

 Ideen für den Gottesdienst

Am Anfang der Messe wird das sonntägliche Taufgedächtnis begangen. Vor der Besprengung der Gemeinde könnten die Kinder einzeln mit Weihwasser bezeichnet werden.

Das Lied »Alle meine Quellen entspringen in dir« wird gesungen.

Der eingeübte »Brunnentanz« wird im Zusammenhang mit dem Glaubensbekenntnis oder der Tauferneuerung getanzt.

Katechese III: Gott wohnt in mir – ich selbst bin das Haus für ihn

→ **Kinderbuch S. 36–39**

Ziel Die Kinder verstehen, dass »Kind Gottes sein« eine Aufgabe für das ganze Leben ist.

Phase	Interaktion	Material
Ankommen	Anfangsritual	
Einstieg	Platzgestaltung mit Hausmotiv	farbige Tücher oder Tonkarton-Häuser, Häuserfotos der Kinder
Hauptteil	Kirchengestaltung in der Mitte	Seil, Osterkerze, Teelichter
	Prozession mit Lied Deutung	»Tragt in die Welt nun ein Licht« (vgl. Materialanhang)
	Gebet	Gebetsvorschlag
	Buchgestaltung	Kinderbuch, Spiegelfolie (vgl. Materialanhang) oder Häuserfotos der Kinder)
Abschluss	Basteln eines Windlichtes	Materialien zur Windlichtgestaltung (vgl. Materialanhang)

 **Ablauf der Katechese**

Ankommen
Die Kinder versammeln sich zum Anfangsritual.

Einstieg
K legt verschiedenfarbige Tücher oder Tonkarton-Häuser in die Mitte und fragt ein Kind, welches davon es bekommen möchte. Das gewünschte Tuch oder Haus legt K vor dem Kind auf den Boden. Dieses Kind fragt ein anderes ebenso. Wenn alle Kinder ein Haus vor sich liegen haben, legen die Kinder die Fotos ihrer eigenen Wohnhäuser (aus der vorletzten Katechese) darauf.

Hauptteil

Einige Kinder legen in der Kreismitte ein großes Kirchenhaus aus Seilen. Eine entzündete Osterkerze wird von Kind zu Kind weitergegeben und schließlich in die Mitte gestellt. Dabei erinnert K an bereits Bekanntes, indem er kurze Sätze spricht. *Gott sagt: Ich will bei euch wohnen. – Ich will bei euch sein. – Ich will in eurer Mitte sein. – Ich will bei dir zuhause sein. – Ich will in dir zuhause sein.*

Nun werden die Kinder eingeladen, mit bereitstehenden Teelichtern das Licht von der Kirche in der Mitte in das eigene Haus hineinzuholen. Dies kann durch eine kleine Lichterprozession gestaltet werden. Die Kinder singen sich gegenseitig die zweite Strophe des Liedes zu (vgl. Materialanhang).

Die Prozession kann mit dem Gebet im Kinderbuch abgeschlossen werden (Gebetsvorschlag, im Kinderbuch auf S. 36).

Anschließend kleben die Kinder die Spiegelfolie (alternativ: das Foto ihres Hauses) in das Kinderbuch (S. 37). Im Gespräch überlegen sie miteinander, woran man erkennen kann, dass Gott bei ihnen wohnt (→*äußere Zeichen: Kreuz in der Wohnung, Gottesdienstbesuch am Sonntag, Gebet vor den Mahlzeiten und am Morgen / Abend, Leben im Kirchenjahr; innere Zeichen: Verhalten, Hoffnung*).

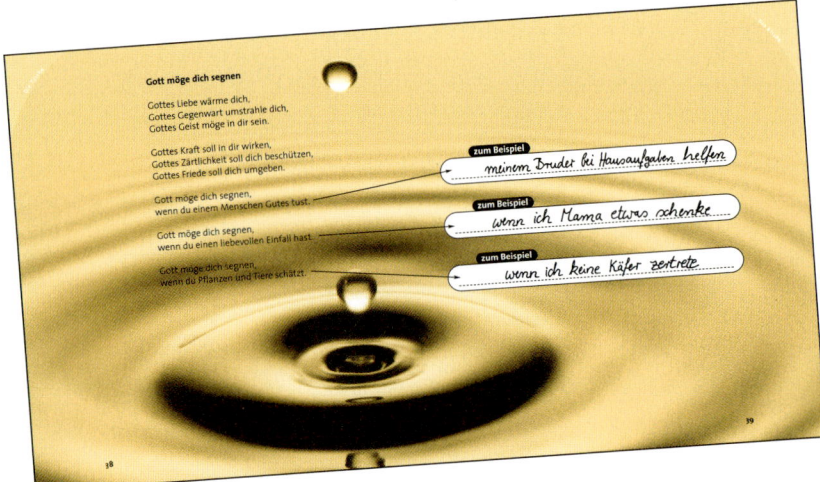

K. erklärt ihnen, dass Gott wie die Kerze, die das Licht nicht für sich behalten will, auch über sie hinaus zu anderen Menschen kommen möchte. Die Kinder singen die erste Strophe des Liedes. Sie überlegen miteinander, wie sie anderen zeigen können, dass Gott bei ihnen wohnt und schreiben die Situationen in ihr Buch (S. 39). Gemeinsam singen sie das Lied aus dem Buch.

Abschluss

Die Kinder basteln kleine Windlichter aus Kinderfiguren (Bastelanleitung im Materialanhang). Diese werden für den Gottesdienst aufgehoben.

Gebetsvorschlag

Guter Gott, du möchtest in mir wohnen. Du willst mein ganzes Leben lang bei mir bleiben. Dafür danke ich dir. Durch mich willst du auch zu vielen anderen Menschen kommen. Schenke mir deinen Segen dafür. Amen.

 Ideen für den Gottesdienst

Zum Glaubensbekenntnis kann GL 635 gesungen werden. Nach dem Schlusssegen nehmen die Kinder ihr gebasteltes Windlicht und machen eine Lichterprozession (wie oben in der Katechese) nach draußen. Der Priester oder K erklärt dazu: *Ihr habt im Kommunionunterricht diese Lichter gebastelt und überlegt, wie ihr als Kinder Gottes leben könnt. Nun sollt ihr das Licht Gottes aus dem Gottesdienst mit nach Hause nehmen und als Christen leben.*

Das Sakrament der Versöhnung – Zeichen der Liebe Gottes zu uns

Katechese I: Ich sehe unsere Welt – Gott will sie heil
Katechese II: Ich schaue auf mein Leben – Gott hilft mir dabei
Katechese III : Ich kann zu meiner Schuld stehen – denn Gott ist barmherzig
Katechese IV: Ich kann Versöhnung feiern – denn Gott vergibt mir

Einführung

Das Wichtigste in Kürze

Auch wenn das Bußsakrament im Leben vieler Christen an Bedeutung eingebüßt hat, gehört es selbstverständlich zum Inhalt dieses Kurses. Für den roten Faden – Gottes Liebe für uns zu entdecken – könnte es sogar das aussagekräftigste der Sakramente sein: Gott vergibt Schuld nicht, weil wir es verdienen, sondern aus unendlicher Liebe. Gott will das Heil für den Menschen und will, dass dieser zum Heilsträger wird. Er spricht in die Situationen menschlicher Schuld hinein das Wort der Vergebung und sucht in denen, die Vergebung erfahren haben, Nachahmer seiner Güte und Barmherzigkeit.

Der tiefste Ausdruck des vergebenden Handelns Gottes, das Sterben des menschgewordenen Gottessohnes am Kreuz, wird hier nicht eigens zur Sprache gebracht, ist aber Grundlage aller Überlegungen. Da es im folgenden Kapitel über die Eucharistiefeier ohnehin angesprochen wird, kann hier zunächst darauf verzichtet werden.

Die Farbe für dieses Kapitel: Grün

Die Farbe GRÜN scheint hier vielleicht untypisch zu sein, da uns Violett als Farbe der Buße vertraut ist. Insofern GRÜN Farbe für Harmonie, Wachstum und Hoffnung ist, steht es aber sehr passend für den Vollzug der Buße: der Mensch soll mit sich und mit Gott wieder »ins Reine« kommen; er soll durch die Bewältigung seiner Schuld wachsen und reifen und durch Gottes Versöhnungsangebot den Blick in die Zukunft öffnen und Schritte auf sie zu wagen.

Die Erfahrungswelt der Kinder

Kinder wissen bereits, dass die Welt, in der sie leben, keine heile Welt ist. Sie haben ein sehr feines Gespür dafür und erkennen Unheil und Ungerechtigkeit in der Welt. Auf ihre Weise leiden sie dieses Unheil mit. Sie stellen selbstverständlich die Frage nach der Schuld – sowohl bei der Schlägerei auf dem Schulhof als auch angesichts hungernder Kinder in vielen Teilen der Welt. Auch ihrer persönlichen Schuld sind sie sich bewusst, auch wenn sie diese nicht immer differenziert ausdrücken können. Gerade ihr Gerechtigkeitsempfinden sollte genutzt werden, neben dem Unrecht der anderen auch das von ihnen geschaffene Unrecht wahrzunehmen und es als Schuld zu bewerten. Mithilfe des Kommunionunterrichts können sie außerdem lernen, zwischenmenschliche Schuld als Sünde – also als Verstoß gegen Gottes Gebote – zu verstehen.

Der Fahrplan für dieses Kapitel

An die alltäglichen Erfahrungen der Kinder knüpft die erste Katechese an: In der Welt gibt es sowohl Heil als auch Unheil und manches Unheil entsteht durch Schuld. In diesen Zusammenhängen lebt auch jeder von uns: Auch wir haben Schuld und können sie mithilfe unseres Gewissens erkennen. Eine mögliche Form der Gewissenserforschung ist das »Gebet der liebenden Aufmerksamkeit«, das am Ende der zweiten Katechese vorgestellt und empfohlen wird.

Was in der dritten Katechese vermittelt wird – dass Gott Heil will und es durch Vergebung schafft – und im biblischen Gleichnis vom barmherzigen Vater (oder verlorenen Sohn) veranschaulicht wird, das wird in der vierten Katechese konkretisiert: Sie geht sehr praktisch auf das Sakrament der Versöhnung ein und möchte auf die Beichte vorbereiten.

Katechese I: Ich sehe unsere Welt – Gott will sie heil

→ Kinderbuch S. 40–43

Ziel Im Blick auf Heil und Unheil in der Welt entdecken die Kinder, dass unheilvolle Situationen oft durch menschliche Schuld entstehen.

Phase	Interaktion	Material
Ankommen	Anfangsritual	
Einstieg	Bildbetrachtung und deutendes Gespräch	Tuch für die Mitte, Fotos und Textstreifen (vgl. Materialanhang), leere Textstreifen
Hauptteil	Spiel und deutendes Gespräch Arbeit im Buch Textbegegnung: Lesen der Geschichte im Buch und gelenktes Gespräch Gestaltung im Buch	Spielfiguren aus Mensch-ärgere-dich nicht-Spiel o. ä Kinderbuch Wollfäden, Tesafilm, Pflaster
Abschluss	Erklärung der Hausaufgabe Schuldbekenntnis	Kinderbuch

 **Ablauf der Katechese**

Ankommen

Die Kinder stimmen sich mit dem Anfangsritual auf die Katechese ein.

Einstieg

Auf einem Tuch in der Mitte liegen Fotos und Textstreifen zu heilen und unheilvollen Situationen in der Welt (vgl. S. 40 im Kinderbuch). K fordert die Kinder auf, sich dazu zu äußern, die Textstreifen den Bildern zuzuordnen bzw. passendere Begriffen auf die leeren Textstreifen zu schreiben.

Hauptteil

Die Kinder erhalten eine Spielfigur aus einem Mensch-ärgere-dich-nicht-Spiel o. ä. und sollen diese zu einer auf den Bildern dargestellten Situation stellen, bei der sie gern dabei wären. Dazu sagen sie: »Ich möchte gern hier stehen, weil…« (Hier muss bedacht werden, dass sich die Kinder auch in eine Unheilsituation stellen können – sei es aus Sensationslust oder aus Hilfsbereitschaft.) K fasst die Antworten der Kinder zusammen, indem er darauf hinweist, dass wir uns alle das Gute und Schöne wünschen, dass es aber auch das Schlechte und Hässliche in unserer Welt gibt. Er führt die Begriffe »Heil« und »Unheil« für solche Situationen ein, wenn diese noch nicht gefallen sind. Abschließend lässt er die Kinder überlegen, in welchen der Situationen wohl Gott anwesend ist. Wichtig ist es hier, keine Situation als gottfern stehen zu lassen – K muss sich auch darauf einstellen, eventuelle Fragen der Kinder zur Theodizee-Problematik zu beantworten.

Im Anschluss daran betrachten die Kinder die Buchseite 41 und vervollständigen die Kästchen und den Lückentext.

Die Kinder lesen die Geschichte im Buch S. 42. Sie überlegen, wer hier welche Schuld hat und welche Folgen aus dieser Schuld erwachsen. Es ist wichtig im Gespräch zu erarbeiten, dass die Schuld auf beiden Seiten liegt. Verallgemeinernd macht K deutlich, dass sowohl Gutes unterlassen als auch Böses tun zur Schuld werden kann. Die Kinder befestigen im Bild S. 42/43 einen Wollfaden locker zwischen Peters und Katrins Händen (Tesafilm an den Enden)

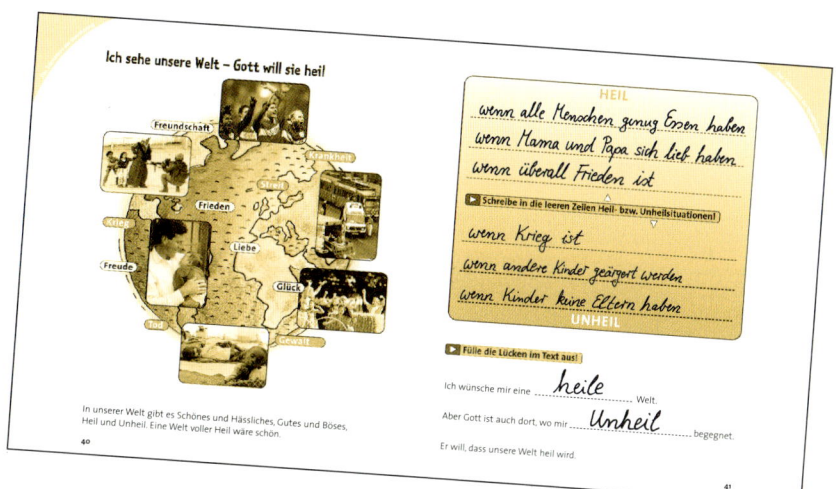

und zerschneiden ihn in der Mitte als Zeichen für die zerschnittene Beziehung. Sie überlegen, wie die Situation zwischen Katrin und Peter wieder heil werden kann. Wenn die Kinder ein Beispiel gefunden haben, können sie den Wollfaden im Buch verknoten oder mit Pflaster verkleben (Vergleich mit einer Wunde, die heilen soll).

Abschluss

Als Hausaufgabe sollen die Kinder in dieser Woche ganz genau beobachten, wo ihnen Heil und Unheil begegnet und wer oder was an diesem Unheil schuld ist. Zum Abschluss liest ein Kind für alle das Schuldbekenntnis im Buch. Ist genügend Zeit, so können Gesten zu den einzelnen Sätzen vereinbart werden. (Eine tiefgründigere Erarbeitung kann auch auf Katechese 3 in diesem Kapitel verschoben werden.)

 ## Ideen für den Gottesdienst

Die Fürbitten werden in besonderer Form durch die Kinder gestaltet. Dazu können die Gottesdienstbesucher am Eingang der Kirche gebeten werden, auf kleine Kärtchen zu schreiben, von welchem Unheil sie in der vergangenen Woche gelesen oder gehört haben bzw. welches sie erlebt haben. Vor dem Altar liegt das Tuch mit den Bildern der Katechese. Die Kinder sammeln die Kärtchen wieder ein, bringen sie nach vorn, lesen sie vor und legen sie auf dem Tuch ab. Alternativ kann auf die Situationen aus der Katechese zurückgegriffen werden. Nach jeweils drei vorgelesenen Situationen liest ein Sprecher den Satz: »Jesus, du bist auch dort, wo Unheil geschieht.« Es folgt ein (gesungener) Fürbittruf.

Katechese II: Ich schaue auf mein Leben – Gott hilft mir dabei

→ Kinderbuch S. 44–47

Ziel Die Kinder begreifen das Gewissen als Hilfe, das eigene Verhalten einzuschätzen, eigene Schuld zu erkennen und vor Gott zu bringen.

Phase	Interaktion	Material
Ankommen	Anfangsritual	
Einstieg	Kreuzworträtsel gelenktes Gespräch: Was ist das Gewissen? evtl. Pantomimenspiel	Kinderbuch
Hauptteil	Bildbetrachtung und gelenktes Gespräch Gebet	Kinderbuch
	Textbegegnung: Gebet der liebenden Aufmerksamkeit Buchgestaltung	Ausschneideblatt (vgl. Materialanhang), Schere, Klebestreifen und Buntstifte
Abschluss	evtl. Gebet Hausaufgabenstellung	Kinderbuch

▶ **Ablauf der Katechese**

Ankommen

Die Kinder stimmen sich mit dem Anfangsritual auf die Katechese ein.

Einstieg

Die Kinder lösen im Buch das Kreuzworträtsel, bei dem sie den Begriff »Gewissen« herausfinden, und überlegen eine erste Antwort auf die so entstandene Frage: Gewissen – was ist das? (Evtl. Redewendungen, Erfahrungen sammeln, ein gutes und ein schlechtes Gewissen gegenüberstellen.) Anhand der zusammengetragenen Situationen stellen die Kinder das jeweilige Gefühl des Gewissens pantomimisch dar.

Hauptteil

Um den Begriff des Gewissens zu vertiefen, schauen sich die Kinder das Bild auf S. 45 an und übertragen es auf ähnliche Erfahrungen, die sie in der vergangenen Woche wahrgenommen haben (Hausaufgabe der letzten Woche). Anschließend überlegen sie im Gespräch entweder anhand ihrer eigenen Beispiele oder der Geschichte der vergangenen Stunde, wie sich das Gewissen bemerkbar gemacht haben könnte. Dazu unterscheiden sie zunächst zwischen Situationen, in denen Schuld eindeutig zu sehen ist (z. B. ein hingeschubstes Kind, das am Knie blutet) und solchen, wo Schuld nicht gleich auffällt. (In der Geschichte gehen die Mädchen still weg, von Peters Reaktion wird nichts gesagt.)

Gebet
Guter Gott, manche sagen, das Gewissen ist die Stimme des Herzens.
Ich weiß: Darin sprichst du zu mir. Lass mich auf dich hören. Amen.

K hilft ihnen, ihre Aussagen zu verallgemeinern: → *Das Gewissen ist wie eine innere Stimme im Menschen. Es hilft ihm u. a. zu erkennen, ob er schuldig geworden ist und dadurch das Unheil in der Welt stärker geworden ist.* Zusammenfassend beten sie das Gebet im Buch S. 45. In einem weiteren Schritt lernen die Kinder das Gebet der liebenden Aufmerksamkeit als eine Form der Aufmerksamkeit auf die Gegenwart Gottes in ihrem Leben und der Gewissenserforschung kennen. Sie schauen sich dazu das Haus im Buch auf S. 46/47 an und vergleichen es mit ihrem Leben. Dazu wird der Text im Dach von K erzählt oder vorgelesen. Die Kinder lesen die Texte in der Tür und im Fenster vor und erläutern sie gegebenenfalls. Danach erhalten die Kinder das Ausschneideblatt und ordnen miteinander die Texte dem richtigen Textfeld im Buch zu. Sie schneiden sie aus und befestigen sie jeweils mit dem Text zum Buch hin an einer Seite von Tür bzw. Fenster, so dass sie aufklappbar sind und außen (zum Betrachter zu) als Tür bzw. Fenster gestaltet werden können.

Abschluss

Ist genügend Zeit, so könnte jetzt das Gebet einmal mit Blick auf den Vortag geübt werden. K ermutigt die Kinder, in der kommenden Woche besonders auf ihr Gewissen zu achten und das Gebet der liebenden Aufmerksamkeit zu ihrem Abendgebet zu machen.

Ideen für den Gottesdienst

Im Sonntagsgottesdienst kann das kleine Gebet vor der Kommunion »Herr, ich bin nicht würdig, ...« betont und erschlossen werden. Evtl. könnte schon die Predigt auf die biblische »Hintergrundgeschichte« (Mt 8,5-13) eingehen und das Vertrauen des Hauptmanns von Kafarnaum verdeutlichen. Das Gebet selbst sollte mit dem Gebet der liebenden Aufmerksamkeit verbunden werden, in dem Jesus als der besondere Gast in das eigene Lebenshaus eingeladen bzw. darin gefunden wird.

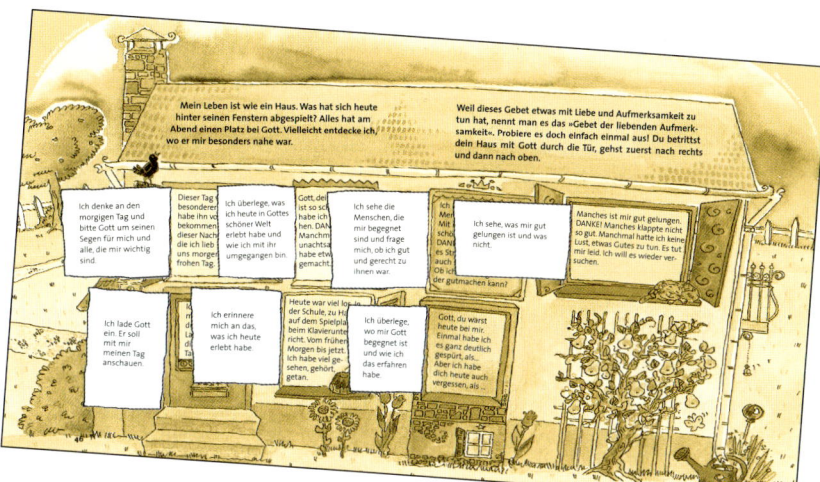

vergrößerte Abbildung auf Seite 142

Kathechese III:
Ich kann zu meiner Schuld stehen – denn Gott ist barmherzig

> **Kinderbuch S. 48–49**

Ziel Durch die biblische Geschichte vom barmherzigen Vater erfahren die Kinder, wie sehr Gott sich nach dem Heil sehnt und wie aus der eigenen Umkehr Heil erwachsen kann.

Phase	Interaktion	Material
Ankommen	Anfangsritual	
Einstieg	gelenktes Gespräch: Gewissensgeschichten	
Hauptteil	Textbegegnung: Geschichte vom barmherzigen Vater bzw. vom verlorenen Sohn (Lk 15,11-32)	Kinderbuch, Erzählvorlage
	Textreflexion: freie Gedankenäußerungen der Kinder	
	Textinterpretation I im Gespräch und durch Buchgestaltung: Gefühle von Vater und Sohn	Kinderbuch, Buntstifte
	Textinterpretation II: Übertragung der Geschichte auf das Verhältnis von Gott und Mensch	
	Übertragung: Dialog formulieren	
	Gebet	Gebetsvorschlag
Abschluss	Wiederholung Allgemeines Schuldbekenntnis	Kinderbuch

▶ Ablauf der Katechese

Ankommen

Die Kinder stimmen sich mit dem Anfangsritual auf die Katechese ein.

Einstieg

Die Kinder erzählen sich gegenseitig, in welchen Situationen sie in der vergangenen Woche ihr Gewissen gespürt haben. K leitet zur Geschichte vom barmherzigen Vater als einer Gewissensgeschichte über, die Jesus erzählt hat.

Hauptteil

K erzählt mit Hilfe der Bilder im Kinderbuch die Geschichte vom barmherzigen Vater und dem verlorenen Sohn mit zwei Schwerpunkten: als Sehnsuchtsgeschichte des Vaters nach dem Heil und als Schuld- und Umkehrgeschichte des Sohnes (Erzählvorlage). Im Gespräch äußern die Kinder zunächst frei ihre Gedanken. Dann überlegen sie, warum der Vater ruft: »Lasst uns ein Fest feiern, denn mein Sohn lebt wieder.« (Inwiefern war er tot? Was drückt der Ausruf aus?) Sie versetzen sich in den Sohn und in den Vater hinein und beschreiben deren Gefühle in den einzelnen Phasen der Geschichte. Dabei sollte deutlich werden, dass der Sohn sowohl sich selbst als auch dem Vater Unheil bringt und wie der Vater sich dennoch nach dem Heil sehnt. Im Kinderbuch gestalten sie diese Gefühle, indem sie Sohn und Vater jeweils mit passenden Farben ausmalen.

K überträgt die Geschichte auf das Verhältnis zwischen Gott und Mensch, indem er fragt, warum Jesus diese Geschichte wohl erzählt. Er kann die Antworten der Kinder ungefähr so zusammenfassen: →*Jesus erzählt uns die Geschichte von einem, der zuerst nur an sich selbst dachte. Als er selbst das Unheil am eigenen Leib erfährt, das er angerichtet hat, bereut er es und kehrt zu seinem Vater zurück. Wie dieser verzeiht und ein Fest für ihn feiert, so wischt auch Gott das Unheil aus der Welt, das ich hineingebracht habe und schafft das Heil, wenn ich ihn darum bitte.*

67

Die Kinder verfassen nun selbst einen Dialog zwischen Vater und Sohn, indem sie zu einer Schuldsituation (vgl. vergangene Katechesen) einerseits eine Entschuldigung formulieren und andererseits eine Antwort Gottes darauf suchen. K schließt mit einem gemeinsamen Gebet.

Abschluss

In Anlehnung an das Schuldbekenntnis des Sohnes weist K nochmals auf das Allgemeine Schuldbekenntnis in der Messe hin. Die Kinder lesen es im Buch (S. 43) und wiederholen es oder suchen nun Gesten zu den einzelnen Sätzen. Dabei wird die Geste des An-die-Brust-Schlagens erläutert. Als Hausaufgabe sollen die Kinder das Schuldbekenntnis auswendig lernen.

Erzählvorlage für die biblische Geschichte

Ein Vater hatte zwei Söhne. Der jüngere von beiden sagte eines Tages zu ihm: »Vater, ich möchte nicht mehr bei euch bleiben. Zahl mir mein Erbteil aus, damit ich anderswo gut leben kann.« Schweren Herzens gab der Vater ihm, was er verlangte und ließ ihn ziehen. Lange noch stand er am Tor seines Hofes und schaute ihm sehnsüchtig nach. Doch der Sohn wollte nur weg. Er kam bald in eine Stadt, lebte dort in Saus und Braus und verschwendete das Erbe des Vaters mit seinen neuen Freunden. Als aber nichts mehr übrig war, kam eine große Hungersnot über das Land. Keiner wollte ihm jetzt helfen und keiner erinnerte sich an seine Freundschaft und Großzügigkeit. So blieb ihm nichts anderes übrig, als die niedrigste Arbeit anzunehmen, die er finden konnte. Er bat einen Bauern, wenigstens die Schweine hüten zu dürfen. Doch selbst diese hatten mehr zu essen als er selbst und er hätte gern seinen Hunger an dem Futter der Schweine gestillt. Aber niemand gab ihm davon. Da ging er in sich und bemerkte, wie viel er falsch gemacht hatte. Er dachte an seinen Vater und daran, wie er ihn enttäuscht hatte. Und er schämte sich. Er überlegte: »Ob ich zu meinem Vater zurückgehen soll, um bei ihm als Knecht zu arbeiten? Hier werde ich noch verhungern.« Und er machte sich angstvoll und traurig auf den Weg. Was würde sein Vater wohl zu ihm sagen? Würde er ihn davonjagen?

Schon von weitem sah der Vater seinen Sohn kommen, nach dem er sich so lange gesehnt hatte. Er lief ihm entgegen und wollte ihn umarmen. Doch der Sohn fiel vor ihm nieder und sagte: »Vater, ich bin es nicht mehr wert, dein Sohn zu sein, denn ich habe dich enttäuscht. Mach mich aber bitte zu einem deiner Tagelöhner.« Doch der Vater ließ ihn gar nicht ausreden. Voll Freude rief er aus: »Lasst uns ein Fest feiern! Mein Sohn war tot und lebt wieder! Er war verloren und ist wiedergefunden worden.« Und er ließ schnell das beste Gewand holen, steckte ihm einen Ring an den Finger und ordnete an, das Mastkalb zu schlachten. Und sie feierten miteinander und mit allen, die zu dem Hof gehörten, ein großes Fest.

Gebetsvorschlag

Jesus, du erzählst uns die Geschichte vom barmherzigen Vater, weil du uns zeigen möchtest, wie sehr Gott sich nach dem Heil sehnt. Schenke uns in jeder Situation unseres Lebens den Mut, zu ihm zu kommen. Dann kann aus unserem Unheil Heil werden. Dafür danken wir dir. Amen.

Ideen für den Gottesdienst

Zum Schuldbekenntnis werden die Gottesdienstbesucher in einer bewussten Stille aufgefordert, sich an Unheil der vergangenen Woche zu erinnern, an dem sie selbst mitgewirkt haben. Dann wird das Schuldbekenntnis langsamer als sonst gesprochen und eventuell durch die Gesten der Kinder, die um den Altar stehen könnten, unterstützt (vgl. Katechese I in diesem Kapitel).

Katechese IV: Ich kann Versöhnung feiern – denn Gott vergibt mir

→ Kinderbuch S. 50–53

Ziel Die Kinder begreifen das Sakrament der Versöhnung als wichtigen Ort der Begegnung und Versöhnung mit Gott und gewinnen Sicherheit im äußeren Ablauf des Sakraments.

Phase	Interaktion	Material
Ankommen	Anfangsritual	
Einstieg	gestaltete Mitte betrachten, gelenktes Gespräch und Legen von Wortkarten	violettes Tuch, Strick, Wortkarten (vgl. Materialanhang)
Hauptteil	Textbegegnung: Erklärungen lesen Textreflexion: Zuordnen von Textfeldern im Buch	Kinderbuch Ausschneidebogen (vgl. Materialanhang)
	Gang in die Kirche und Wahrnehmen des Versöhnungsweges in der Kirche, Erläuterungen durch K	Wortkarten (s. o.), Strick, Fußspuren aus Papier
	Textbegegnung: Geschichte von Peter Textreflexion: Buchgestaltung	Kinderbuch Ausschneidebogen (s. o.), Schere, Klebstoff
Abschluss	Lied, Gebet	Kinderbuch

▶ **Ablauf der Katechese**

Ankommen

Das Anfangsritual sammelt die Kinder.

Einstieg

In der Mitte liegt ein violettes Tuch mit einem längeren Strick und den vier Wortkarten *Reue, Vergebung, Dank* und *Neuanfang*. K fragt die Kinder, welche Wortkarten sie mit welcher Stelle der Geschichte vom barmherzigen Vater in Verbindung bringen können. (Die Wortkarten *Reue* und *Vergebung* werden die Kinder sicher einfach zuordnen können, *Dank* und *Neuanfang* könnten aus einem möglichen Fortgang der Geschichte angeschlossen werden.) Die Karten werden dann an dem Strick entlang geordnet.

Hauptteil

K erzählt den Kindern, dass im Sakrament der Versöhnung, das sie bald empfangen dürfen, etwas Ähnliches geschieht wie in der Geschichte, die Jesus erzählt hat. Um zu erkennen, was mit den einzelnen Schritten des Bußsakraments gemeint ist, lesen sie die Texte auf dem Ausschneidebogen und ordnen sie zunächst dort durch Linien den passenden Worten auf den Wortkarten zu.

Anschließend gehen sie, wo es möglich ist, mit K in die Kirche und markieren mit den Wortkarten aus der Kreismitte, die sie mitgenommen haben, den Weg der Versöhnung durch die Kirche. Dabei überlegen sie, wo der beste Ort für die einzelnen Versöhnungsschritte ist (→ *hinten, Beichtkapelle, vor dem Tabernakel und am Ausgang*) und wiederholen noch einmal, was die einzelnen Schritte bedeuten. An den entsprechenden Orten gibt K Hinweise zum praktischen Vollzug: er weist auf das Gebet der liebenden Aufmerksamkeit hin, er erklärt den Ablauf des Beichtgesprächs, gibt Anregungen zum Dankgebet und ermuntert zu einem konkreten Vorsatz. Wenn dies nicht in der Kirche möglich ist, dann sollte es im Unterrichtsraum mit dem Kinderbuch geschehen. Wo es möglich ist, kann der Weg durch einen Strick, ausgeschnittene Fußspuren o. ä verdeutlicht werden. Am jeweiligen Ort wird die Wortkarte bis zum nächsten Sonntag abgelegt (evtl. festkleben).

Wieder im Unterrichtsraum, schneiden die Kinder die Wort- und Textkarten aus. Sie lesen die Geschichte von Peter im Buch, kleben selbstständig die Wortkarten in ihr Buch auf S. 51 ein und markieren den Weg der Versöhnung in ihrem Buch. Die ausgeschnittenen Textkarten

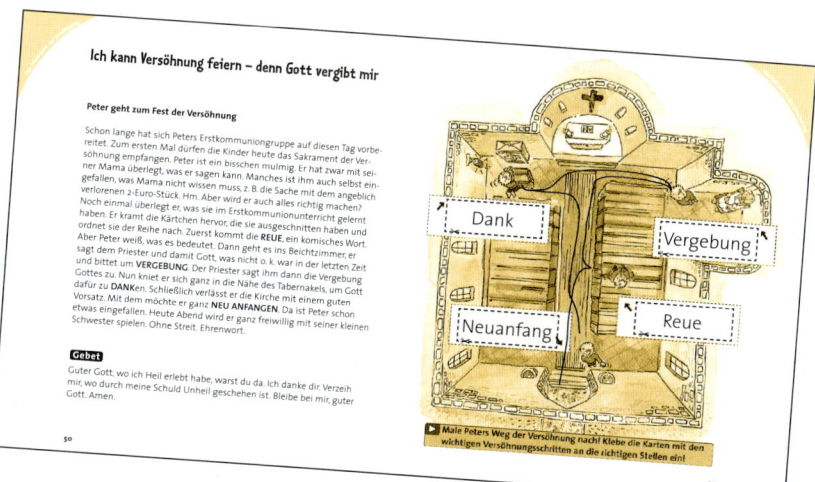

sammelt K ein, um sie vor der Erstbeichte den Kindern als Gedächtnisstütze wieder auszuteilen.

Abschluss

Die Kinder lesen das Gebet im Buch. K erklärt den Kindern, dass es alles enthält, was zur Vorbereitung der Beichte wichtig ist. Gemeinsam singen sie das Lied »Wir feiern heut ein Fest«.

 Ideen für den Gottesdienst

Vor der Erstbeichte findet ein kurzer Bußgottesdienst für die Kinder statt, in dem sie sich auf die konkrete Feier ihres persönlichen Festes der Versöhnung mit Gott vorbereiten (Gottesdienstvorschlag).

In der Statio deutet der Priester das Sakrament der Versöhnung als Rückkehr zum Zustand des Getauftseins. Dabei erfährt die Gemeinde von der Erstbeichte der Kinder. Anstelle des Kyrie und des Schuldbekenntnisses findet ein kurzer Ritus zur Tauferneuerung (ähnlich dem zu Ostern) statt.

Vorschlag für einen Bußgottesdienst

Lied

Du hast uns, Herr, gerufen (GL 505)

Gebet

Guter Gott, auf diesen Tag haben wir uns lange vorbereitet. Du sehnst dich nach uns. Du lädst uns zu einem Fest der Versöhnung ein. Lass uns wach und offen für deine Nähe sein. Lass uns erkennen, wo wir von dir weggelaufen sind und rufe uns zurück zu dir. Amen.

Lesung

Gleichnis vom barmherzigen Vater (Lk 15,11-32) – eventuell nochmals nach dem Erzähltext in diesem Buch S. 68 oder aus dem Kindermesslektionar.

Auslegung und Hinführung zum Sakrament der Versöhnung

K überlegt mit den Kindern noch einmal die konkrete Schuld des Sohnes in der Geschichte gegenüber dem Vater. Ausgeschnittene Fußspuren werden als Wege vom Vater weg und zum Vater hin gedeutet, die erkannte Schuld des Sohnes und seine Schritte zur Umkehr werden darauf geschrieben und – wo möglich – vom Taufbrunnen weg bzw. auf ihn zu gelegt.

Die Kinder werden an das Gebet der liebenden Aufmerksamkeit erinnert und daran, dass sie ganz konkrete Schuld im eigenen Leben selbst erkannt haben.

Persönliche Vorbereitung

In einer evtl. von Musik unterlegten Stille schreiben die Kinder auf weitere vorbereitete Fußspuren, was sie zu Gott geführt hat (Gotteserfahrungen aus dem Gebet der liebenden Aufmerksamkeit) und was sie von ihm getrennt hat (Schulderfahrung).

Überleitung zur persönlichen Beichte

K erklärt den Kindern anhand eines vorbereiteten »Merkblatts« (vgl. Materialanhang), das alle Kinder bekommen, wie sie nun beichten können. Dazu sollen sie auch ihre Fußspuren mitnehmen.

Auf dem Merkblatt stehen die vor Ort üblichen Rahmenworte für die Kinder (Begrüßung im Beichtzimmer, Beginn des Bekenntnisses, Abschluss des Bekenntnisses und Vergebungsbitte, Lossprechungsbitte des Priesters).

Nach der persönlichen Beichte und einem persönlichen Dankgebet werden die Kinder in den Unterrichtsraum eingeladen und betrachten dort u. a. die Buchseite 52/53 mit dem Ende der Geschichte vom barmherzigen Vater.

Haben alle Kinder gebeichtet, so können die Fußspuren, auf denen die Schuld steht, gemeinsam verbrannt werden. Die Fußspuren, die zu Gott hinführen, werden um den Taufbrunnen herum gelegt und sollten bis zum kommenden Sonntagsgottesdienst dort liegen bleiben.

Die heilige Messe – Zeichen der Liebe Gottes zu uns

Katechese I: **Gott lädt uns ein – wir gehen zu ihm**

Katechese II: **Gott erwartet uns – wir begrüßen ihn**

Katechese III: **Gott spricht zu uns – wir hören ihm zu**

Katechese IV: **Gott nimmt uns an – wir bringen unsere Gaben zum Altar**

Katechese V: **Gott verwandelt die Gaben – wir loben und preisen ihn**

Katechese VI: **Gott lädt uns zum Mahl ein – wir sind mit ihm verbunden**

Katechese VII: **Gott sendet uns – wir gehen unter seinem Segen**

Einführung

Das Wichtigste in Kürze

Die Initiation in die Kirche, die mit der Taufe beginnt, findet in der ersten Teilnahme an der Kommuniongemeinschaft einen besonderen Höhepunkt. Gleichzeitig ist diese Feier aber auch Auftakt zu einer tieferen Verbundenheit mit Christus und seiner Kirche, die u. a. in der eucharistischen Mahlgemeinschaft erfahrbar wird. In ihr verdichtet sich die Heilsvermittlung, indem der Mensch Gottes Liebe empfängt.

Eucharistie ist sowohl Quelle als auch Gipfel des gesamten christlichen Lebens und damit für das Leben als katholischer Christ unverzichtbar. Als solche müssen die Kinder die Eucharistiefeier kennenlernen. Sie ist mehr als ein beliebiges Angebot und mehr als eine regelmäßige Pflichterfüllung.

Tod und Auferstehung Jesu rücken in der Feier der Eucharistie in das Zentrum der Heilsvermittlung. Vom Heilshandeln Gottes in Jesus Christus ausgehend ist der Bogen noch weiter zu spannen: der mit diesem Heil konfrontierte Christ soll selbst zum Heilsvermittler werden für die Menschen, mit denen er zusammenlebt. Durch das Hören des Wortes, den Empfang der Eucharistie und die Erfahrung von Gemeinschaft wird er selbst gestärkt für seinen Dienst in der Gottes- und Nächstenliebe.

Die Farbe für dieses Kapitel: Blau

BLAU gilt zunächst als Farbe der Treue. Die unüberbietbare Treue Gottes zu seinem Volk hat ihn gedrängt, Mensch zu werden und in Tod und Auferstehung Jesu einen neuen und ewigen Bund zu schließen, dessen wir uns in jeder Eucharistiefeier erinnern.

Gleichzeitig ist BLAU die Farbe der Transzendenz; Mittlerfarbe zwischen Irdischem und Himmlischem. Auch hier lässt sich die Eucharistiefeier gut ansiedeln: als Feier, die Himmel und Erde verbindet; die Gottes Nähe feiert mit den Gaben, die er uns geschenkt hat.

Die Erfahrungswelt der Kinder

Die Kinder bringen bezüglich der Messfeier erfahrungsgemäß sehr unterschiedliche Voraussetzungen mit. Während manche sehr regelmäßig am Gottesdienstleben der Gemeinde teilnehmen, haben andere fast keine Erfahrung damit oder beschränken ihr Engagement zielgerichtet auf dieses eine Jahr. Entsprechend wird es den Kindern leichter bzw. schwerer fallen, einen inneren Zugang zur Feier der Eucharistie zu bekommen und ihre Mitfeier nicht nur als lästige Pflichterfüllung anzusehen.

Bewusst werden deshalb auch notwendige Vorerfahrungen wie Feste feiern, Gedenktage begehen, eingeladen werden, hören, etwas mitbringen, etwas geschenkt bekommen u. ä betont und auf die Messfeier übertragen. Wegen der unterschiedlichen Voraussetzungen und weil so Elemente der Messfeier gezielt betont und gestaltet werden können, empfiehlt es sich, in der Unterrichtszeit hin und wieder Eucharistie mit den Kindern zu feiern; bestenfalls gemeinsam mit einigen Eltern oder anderen Gemeindemitgliedern.

Der Fahrplan für dieses Kapitel

Die Katechesen bewegen sich am Messablauf entlang. Sie wollen mit der Eucharistiefeier bekannt machen und ausgewählte Teile erklären. Hauptsächlich will das Kapitel aber Brücken schlagen von der oft als lebensfremd empfundenen Messe zu unserem konkreten Leben hin. So wird für den Eröffnungsteil der Messe thematisiert, dass wir alles zu dieser Feier mitbringen können: alle Freude und alles Leid. In den Lesungen des Wortgottesdienstes hören wir von Menschen, die vergleichbare Erfahrungen wie wir gemacht haben und die Gottes Heilswirken erfahren durften. Auch die Gaben von Brot und Wein stehen für verschiedene Seiten unseres Lebens. So ist die Eucharistiefeier nicht nur formaler Ritus, sondern auch Darbringung und Wandlung unseres Lebens. Die Begegnung mit Christus in Brot und Wein macht diese Feier zu etwas Geheimnisvollem und Außergewöhnlichem – und zum Ausgangspunkt unseres Engagements, das uns als Gesegnete und Gesandte aufgetragen ist. Das Kinderbuch will in diesem Kapitel vor allem ein zuverlässiger Begleiter durch den Ablauf des Gottesdienstes sein.

Katechese I: Gott lädt uns ein – wir gehen zu ihm

→ Kinderbuch S. 54–59

Ziel Die Kinder begreifen die Eucharistiefeier als ein wöchentliches Fest, für das sich eine gute Vorbereitung lohnt.

Phase	Interaktion	Material
Ankommen	Anfangsritual	
Einstieg	Textbegegnung: Einladung lesen und deutendes Gespräch	Geburtstagseinladung im Briefumschlag
Hauptteil	Arbeit mit der Gottesdiensteinladung und mit dem Kinderbuch: Lesen, Vergleichen, Übertragen, Gestalten Lied singen Arbeit mit dem Buch: Bild- und Textzuordnung	Kinderbuch Gottesdiensteinladung für jedes Kind (vgl. Materialanhang), Klebestreifen Gemeindebrief, Zeitung, … Kinderbuch Arbeitsblatt mit Sprechblasen (vgl. Materialanhang), Schere, Klebstoff
Abschluss	Kirche: Anfangsritual üben und Gebet	Gebetsvorschlag

 **Ablauf der Katechese**

Ankommen

Die Kinder stimmen sich mit dem Anfangsritual auf die Katechese ein.

Einstieg

In der Kreismitte liegt ein Briefumschlag mit einer Einladung zum Geburtstag. K lässt die Kinder den Inhalt lesen. Wenn das alle getan haben, folgt ein Austausch darüber, wie man sich als Gast auf das Fest vorbereitet. (→ *Tag und Uhrzeit im Kalender einschreiben, Geschenk oder Blumenstrauß kaufen, in Geschenkpapier einwickeln, festliche Kleidung an-*

ziehen, kämmen, einen Glückwunsch überlegen, Geschenk und Blumen mitnehmen, losge-hen ...). K fasst die Überlegungen zusammen: → *Man geht nicht unvorbereitet zum Fest.*

Hauptteil

Jedes Kind erhält einen Briefumschlag, in dem eine Einladung zum Sonntagsgottes-dienst steckt. Die Kinder lesen die Einladung, tauschen sich über ihre Eindrücke aus und werden dabei – wenn nötig – auf den Absender aufmerksam gemacht. Im Buch finden sie

Ein Beispiel für eine Gottesdienst-ordnung. Sie vergleichen diese mit ihrer Einladung und begreifen, dass sie wie eine wöchentliche Einladung zu den Gottesdiensten zu verstehen ist. Sie überlegen, wo sie die zusätzlichen Gottesdienst-zeiten ihrer Gemeinde finden kön-nen (→ *Pfarrbrief, Schaukasten, Zeitung*). Ihre Einladung kleben sie mit Klebestreifen an einer Seite des Gottesdienstplanes im Buch so fest, dass sie aufklappbar ist. K verweist auf die Parallele zum

vergrößerte Abbildung auf Seite 142

Geburtstagsfest: Für beides haben wir eine Einladung erhalten, beides muss vorbereitet werden. Wie das beim Gottesdienst aussehen könnte, zeigen die kurzen Sätze im Kin-derbuch. Die Kinder markieren die einzelnen Möglichkeiten mit + oder –: Das finde ich gut. / Das finde ich nicht gut. Ein Feld ist frei, das von den Kindern mit eigenen Ideen ausgefüllt werden kann.

K lenkt nun die Aufmerksamkeit der Kinder, auf den Moment des Ankommens in der Kir-che: → *Wir dürfen hineingehen und uns Zeit für Gott nehmen, der uns einlädt, aber auch für uns selbst.* Gemeinsam wird das Lied »Komm herein und nimm dir Zeit« gesungen. Danach betrachten die Kinder das Bild im Kinderbuch (S. 57), auf dem die verschiedenen Rituale bei der Ankunft in der Kirche dargestellt sind. Sie ergänzen die Gedankenblasen der einzelnen Personen auf dem Bild (vgl. Materialanhang).

Abschluss

Die Kinder gehen mit K in die Kirche und achten dabei genau darauf, wie sie den Raum betreten: Weihwasser, Kniebeuge – evtl. üben, kurzes gemeinsames Gebet im Knien, das sie auch beim Besuch des Sonntagsgottesdienstes beten könnten (vgl. Gebetsvorschlag).

Als Treffpunkt für die nächste Stunde wird die Kirche vereinbart.

 Gebetsvorschlag

Guter Gott, du hast mich hierher eingeladen. Lass mich ruhig werden bei dir und froh werden in deiner Nähe. Amen.

Ideen für den Gottesdienst

Während des Einzugs wird Orgelmusik gespielt oder ein kurzes Lied gesungen. In der Statio betont der Priester, dass Gott uns zu dieser Feier des Gottesdienstes einlädt und leitet zum Lied »Komm herein und nimm dir Zeit« über, das die Erstkommunionkinder singen, wenn es bekannt ist, auch mit der ganzen Gemeinde.

Katechese II: Gott erwartet uns – wir begrüßen ihn

→ Kinderbuch S. 60–61

Ziel Die Kinder kennen den Ablauf des Eröffnungsteils der Messe und begreifen ihn als Sammlung und Versammlung vor Gott.

Phase	Interaktion	Material
Ankommen	Anfangsritual	
Einstieg	Raumerfahrung in der Kirche	
Hauptteil	Lied: »Du hast uns, Herr, gerufen«	Kinderbuch
	Besinnung: Was bewegt uns?	Zettel (vgl. Material-anhang), Stifte
	Kyrie- und Gloriaprozession zum Altar	
	Festigung: Arbeit mit Buch	Kinderbuch
Abschluss	Psalmgebet	Gotteslob

▶ **Ablauf der Katechese**

Ankommen

Die Kinder stimmen sich mit dem Anfangsritual auf die Katechese ein.

Einstieg

K begrüßt jedes Kind einzeln am Eingang der Kirche: → *Schön, dass du da bist. Herzlich willkommen. Such dir in der Kirche einen Platz aus, der dir gefällt. Vergiss dabei Weihwasser und Kniebeuge nicht und nimm dir Zeit, um Gott zu begrüßen.*

Die Kinder dürfen mehrere Plätze ausprobieren, bis sie den besten für sich finden. (Wenn der Besuch der Kirche nicht möglich ist, wird im Stuhlkreis der Empfang bei einem Fest nachgespielt.)

Wenn alle angekommen sind, macht K auf die Freude des Gastgebers aufmerksam, wenn die Gäste kommen und erinnert daran, dass in der Kirche Gott der Gastgeber ist.

Hauptteil

K bittet die Kinder, an einer Stelle in der Kirche zusammenzukommen und singt mit ihnen das Lied »Du hast uns, Herr, gerufen« (Kinderbuch). K verrät den Kindern, dass die Katechese den Eröffnungsteil der Messe untersuchen will und fragt sie, mit welchen Worten der Gottesdienst beginnt. Er verdeutlicht: Gott begrüßt uns und wir begrüßen ihn.

Die Kinder schreiben nun auf vorbereitete Zettel, was sie im Moment beschäftigt und bewegt (»Ich bin froh, dass...«; »Ich bin nicht so froh, dass ...«). K erklärt den Kindern, dass sie zu Gott alles mitbringen können, was sie bewegt.

Zuerst bringen sie die Zettel »Ich bin nicht so froh...« zum Altar und lesen sie vor. Alle antworten auf das Vorgelesene mit: »Herr, erbarme dich.«

Nun werden auch die Zettel mit den freudigen Ereignissen zum Altar gebracht und vorgelesen. Die Freude darüber wird an Gott weitergeleitet, indem die Kinder ein in der Gemeinde übliches Gloria singen. Ist genügend Zeit vorhanden, werden die Kinder eingeladen, sich zu diesem Lied Bewegungen auszudenken.

Im Gruppenraum vertiefen die Kinder das in der Kirche Erfahrene, indem sie den fehlenden Satz im Kinderbuch ergänzen.

Abschluss

K erzählt den Kindern, dass in der Bibel uralte Psalmen stehen, mit denen die Menschen ihre Freude an Gott und am Gottesdienst ausgedrückt haben. Der Psalm 100 (GL 741) wird mit den Kindern gemeinsam gebetet. Dabei wechselt sich K entweder mit den Kindern ab oder betet selbst versweise vor und lässt sie einen einfachen Refrain dazwischen singen (GL 741, 1, Halleluja o. ä.).

🔔 Ideen für den Gottesdienst

Die Kommunionkinder tragen wie in der Katechese angegeben das Kyrie vor oder sie singen das Lied zum Gloria mit Bewegungen.

Katechese III: Gott spricht zu uns – wir hören ihm zu

→ Kinderbuch S. 62–63

Ziel Die Kinder kennen den Ablauf des Wortgottesdienstes. Sie begreifen ihn als Geschehen zwischen Hören und Antworten auf Gottes Heilstaten.

Phase	Interaktion	Material
Ankommen	Anfangsritual	
Einstieg	Fotos ansehen und Ereignisse erinnern	Fotoalbum
Hauptteil	Übertragung auf die Bibel, gemeinsames Erforschen des Lektionars, lesen, singen, Bibeltext hören Festigung: Arbeit mit Buch	Lektionar, Lied: »Herr, gib uns Mut zum Hören« (GL 521) Kinderbuch
Abschluss	Lied und Gebet	Gebetsvorschlag

▶ **Ablauf der Katechese**

Ankommen
Die Kinder stimmen sich mit dem Anfangsritual auf die Katechese ein.

Einstieg
In der Mitte des Stuhlkreises liegt ein Fotoalbum (am besten eins von K, damit er bereits gezielt Fotos ausgesucht haben kann). K erzählt zu einzelnen Bildern kleine Geschichten und fragt dann die Kinder, ob sie selber oder ihre Eltern Fotoalben besitzen und welche Fotos darin zu finden sind. Die Kinder überlegen, zu welchen Anlässen sie ihre Fotoalben anschauen und was ihnen dabei einfällt. (Das war aber schön! Daran erinnere ich mich gern. Das könnten wir wieder einmal machen.) Am Ende steht eine Zusammenfassung, etwa so: → *Wenn man sich Fotos ansieht, ist das fast so, als ob man die Situation noch einmal erlebt. Manchmal bringen Fotos uns auf Ideen, was man wieder einmal tun könnte.*

Hauptteil

Ein Lektionar wird in die Mitte gelegt. K führt die Bibel als eine Art Fotoalbum über die Geschichte Gottes mit den Menschen ein. (Möglicherweise ist als Zwischenschritt eine Kinderbibel oder eine bebilderte Bibel hilfreich.) K erarbeitet gemeinsam mit den Kindern die Besonderheiten eines Lektionars: Die Texte darin stammen aus der Bibel, aber es ist nicht die ganze Bibel. Sie sind so angeordnet, wie sie im Gottesdienst vorgelesen werden. Anhand eines Beispiels (evtl. vom letzten Sonntag) wird den Kindern deutlich: → *Wir hören, was andere Menschen mit Gott erlebt haben. Das kann uns Mut machen.*

Das Lied »Herr, gib uns Mut zum Hören« (GL 521) wird eingeübt.

K zeigt den Kindern, wie der Küster vor dem Gottesdienst findet, welche Lesungen vorgesehen sind (Zählung der Sonntage und Lesejahre möglichst einfach erklären). Die Kinder suchen die Lesungen des kommenden Sonntags. Dabei entdecken sie, dass es verschiedene Texte gibt: Lesungen, Antwortpsalm, Ruf vor dem Evangelium und Evangelium. K erinnert daran, dass die Gemeinde auf die Lesungen und das Evangelium jeweils mit einem Satz antwortet, der deutlich macht, dass in diesen Texten Gott zur Gemeinde spricht.

Nach nochmaligem Singen des Liedes liest K einen der biblischen Texte vor, der mit der zugehörigen gottesdienstlichen Formel abgeschlossen wird.

Die Kinder überlegen, welche Elemente im Gottesdienst dem Evangelium folgen. K macht deutlich, dass Predigt, Glaubensbekenntnis und Fürbitten verschiedenartige Antworten auf die gehörten Texte sind, ähnlich den Erinnerungen und Ideen, die beim Betrachten eines Fotoalbums kommen. Die entsprechende Buchseite wird ausgefüllt.

Abschluss

Das Lied wird noch einmal gesungen, abschließend spricht K ein Gebet (Gebetsvorschlag).

Gebetsvorschlag

Guter Gott, in den Geschichten der Bibel erfahren wir vieles über dich. Hilf uns, gut zuzuhören und zu verstehen, was du uns sagen willst. Lass uns immer bei dir bleiben. Amen.

 Ideen für den Gottesdienst

Die Kommunionkinder schmücken vor dem Gottesdienst den Ambo in besonderer Weise. Es könnten auch zwei Kommunionkinder mit Leuchtern während der Lesungen neben dem Ambo stehen. Die Kommunionkinder könnten eigene Bitten notieren, die als Fürbitten vorgelesen werden.

Katechese IV:
Gott nimmt uns an – wir bringen unsere Gaben zum Altar

→ Kinderbuch S. 64–65

Ziel Die Kinder verstehen den inneren Zusammenhang zwischen den Gaben von Brot und Wein und ihrem eigenen Leben, um so die Eucharistie persönlicher mitfeiern zu können.

Phase	Interaktion	Material
Ankommen	Anfangsritual	
Einstieg	stummer Impuls: Holzschale mit Hostien, gelenktes Gespräch Kinder legen eine Hostie ein und formulieren ein Anliegen	unbedeckter Tisch, Holzschale, Hostien
Hauptteil	erarbeitendes Gespräch: Decken eines Altars und Bezüge zum eigenen Leben herstellen	Tischtuch, gefüllte Hostienschale, Kännchen mit Wein, Wortkarten, Kollektekorb, Kollekteplan, Kinderbuch
Abschluss	Arbeit im Kinderbuch Lied	Kinderbuch

▶ **Ablauf der Katechese**

Ankommen

Die Kinder werden begrüßt und nehmen Platz. Das Anfangsritual führt zur Ruhe und stellt Gemeinschaft her.

Einstieg

K lenkt den Blick der Kinder auf die Holzschale mit Hostien, die auf dem (ungedeckten) Tisch in der Mitte steht und diskutiert mit den Kinder deren Verwendung, z. B. so: *Hast du die Schale schon einmal gesehen? Wo steht sie sonst? Wozu wird sie verwendet? Hast du schon einmal überlegt, warum jeder einzeln eine Hostie in die Schale legt? Um die richtige Anzahl der Hostien herauszufinden, gäbe es doch auch andere Möglichkeiten.* K fasst die Überlegungen zum Einlegen der Hostie zusammen: → *Ich bringe mich selbst ein in diese Feier mit allem, was mich im Moment beschäftigt, sorgt und erfreut.* Anschließend praktizieren die Kinder dies selbst: Sie legen eine Hostie in die Hostienschale, die zuvor ebenfalls auf den Tisch gestellt wird, ein und formulieren dabei *einen* Akzent: Was bringe ich heute mit?

Hauptteil

Die Kinder überlegen miteinander, was in der Messe mit der gefüllten Hostienschale geschieht. Dabei wird auf einen zweiten Tisch eine weiße Decke gelegt. Die Hostienschale kann in einer kleinen Prozession dorthin getragen und darauf platziert werden. K stellt eine Flasche oder ein Kännchen mit Wein dazu. K fragt die Kinder, was dem Menschen fehlen würde, wenn es kein Brot bzw. keinen Wein gäbe. Im Gespräch mit den Kindern arbeitet er heraus, dass diese einfachen Elemente Zeichen für unser gesamtes Leben sind: für das Lebensnotwendige und das Überflüssige, für Alltag und Fest. Sie überlegen, welche Dinge aus ihrem Leben sie dem Brot bzw. dem Wein zuordnen würden. (Evtl. hat K solche Dinge schon mitgebracht. Sonst können sie auf Wortkarten gesammelt werden.)

Mit der Frage, was Brot und Wein gemeinsam sind, verweist K auf einen zweiten Akzent: Brot und Wein sind sowohl Geschenke des Schöpfers als auch Ergebnis menschlichen Mühens. Die Kinder lesen im Buch die Gebete nach, die diese Wirklichkeit aufgreifen, und setzen den Satz ein, den die Gemeinde spricht. Schließlich stellt K auch einen Kollektenkorb auf den gedeckten Tisch und erarbeitet mit den Kindern den sozialen Aspekt dieser Feier. K zeigt den Kindern einen aktuellen Kollektenplan, erklärt einige Anliegen und lässt sie eine Aktion heraussuchen, um den Satz im Buch (S. 65) vervollständigen zu können.

Er kann auch Opfertüten der Hilfswerke mitbringen und gegebenenfalls die Kinder an bereits erlebte Spendenaktionen erinnern (Sternsinger, Missio ...).

Abschluss

Ein Kind liest den Text des Liedes auf der Buchseite 65 vor. K überlegt mit den Kindern, was sie vom bisher Gesagten im Lied wiederfinden. Anschließend singt er mit den Kindern den Liedvers, evtl. mehrmals. Bleibt genügend Zeit, können die Kinder dazwischen nochmals die am Beginn der Stunde formulierten Sätze nennen.

Ideen für den Gottesdienst

Die Kinder könnten am Gabengang beteiligt werden, der aus diesem Anlass ausführlicher gestaltet wird. Dazu bringen sie neben Brot und Wein auch Dinge aus ihrem Leben mit, die zum Lebensnotwendigen bzw. zum Fest gehören (Brot, Wasser, Schulranzen, Kleidung, Spielzeug, Süßigkeiten, Kerzen, Blumen ...). Sie helfen beim Decken des Altars. Außerdem empfiehlt es sich, gerade heute GL 534 zu singen und es mit den Darbringungsgebeten zu kombinieren.

Katechese V:
Gott verwandelt die Gaben – wir loben und preisen ihn

> **Kinderbuch S. 66–67**

Ziel Die Kinder begreifen, dass die Eucharistiefeier von Jesus selbst eingesetzt wurde, ein Geheimnis ist und an jedem Sonntag mit der Gemeinde gefeiert wird.

Phase	Interaktion	Material
Ankommen	Anfangsritual	
Einstieg	Legen eines Textpuzzles auf dem Boden	vorgefertigte Puzzleteile (vgl. Materialanhang)
Hauptteil	Textreflexion: Herausfiltern des Kernsatzes und diesen als Auftrag erkennen	
	Textinterpretation: Übertragen des Auftrags Jesu auf die heutige Gemeinde,	
	Festigen des Textinhaltes: Schale und Kelch an der richtigen Stelle platzieren	Hostienschale, Weinkelch
	Arbeit im Buch	Kinderbuch
Abschluss	Singen des Liedrufes	Kinderbuch

▶ **Ablauf der Katechese**

Ankommen

Die Kinder werden begrüßt und nehmen Platz. Das Anfangsritual führt zur Ruhe und stellt Gemeinschaft her.

Einstieg

K bringt den Text 1 Kor 11,23b-25 »Jesus, der Herr, nahm in der Nacht, in der er ausgeliefert wurde, Brot, sprach das Dankgebet, brach das Brot und sagte: Das ist mein Leib für euch. Tut dies zu meinem Gedächtnis! Ebenso nahm er nach dem Mahl den Kelch und sprach: Dieser Kelch ist der Neue Bund in meinem Blut. Tut dies, sooft ihr daraus trinkt, zu meinem Gedächtnis!« als Puzzlevorlage mit und fordert die Kinder auf, ihn zusammenzusetzen. Falls es die Kinder nicht schaffen, können sie im Kinderbuch nachschlagen.

Hauptteil

Die Kinder finden heraus, welcher Satz mehrfach vorkommt (»Tut dies zu meinem Gedächtnis!«) und deshalb besonders wichtig ist. Sie überlegen, wann und warum Jesus den Jüngern diesen Auftrag gegeben hat. K fragt die Kinder, ob dieser Auftrag auch für uns gilt und wie wir ihn heute verwirklichen. Er holt die Hostienschale und den Wein der vergangenen Stunde und lässt beides an der entsprechenden Stelle im Text des Puzzles platzieren. Zum Wein stellt er einen Kelch und fragt, warum die Gefäße für die Messfeier so wertvoll sind. Die Antworten der Kinder fasst er zusammen: → *Mit Brot und Wein geschieht in der Eucharistiefeier etwas Besonderes und Geheimnisvolles: Es sieht zwar aus wie Brot (Wein), schmeckt auch wie Brot (Wein), aber es ist kein gewöhnliches Brot (Wein) mehr sondern Leib Christi (Blut Christi). So etwas kann kein Mensch »machen« sondern nur Gott. Als Zeichen dafür, dass Gottes Geist die Gaben verwandelt, breitet der Priester die Hände über Brot und Wein aus.*

Anschließend schauen sich die Kinder die entsprechenden Bilder im Buch an und wiederholen dabei das Erlernte. Außerdem ergänzen sie im Text des »Geheimnis des Glaubens« die fehlenden Worte.

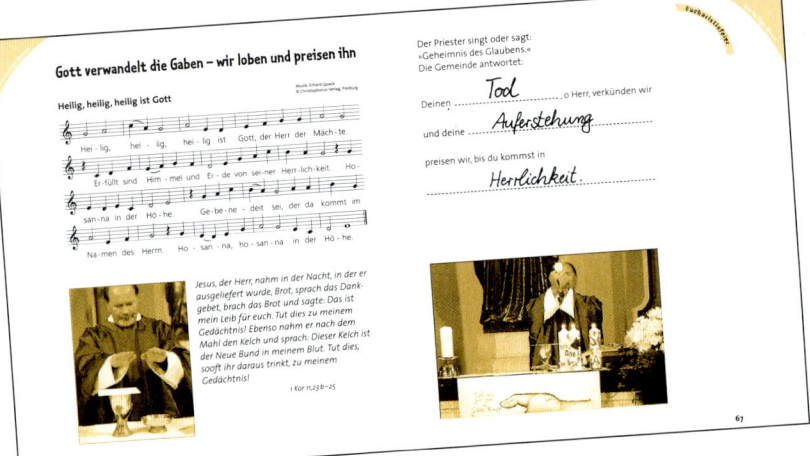

Abschluss

Die Kinder überlegen, an welchen Tagen die zentralen Ereignisse aus dem »Geheimnis des Glaubens« besonders gefeiert werden: Tod, Auferstehung und Wiederkunft. Sie werden merken, dass auch die Wiederkunft Christi ein Geheimnis ist. Zum Abschluss wird der Liedruf der Eucharistiefeier »Deinen Tod, o Herr, verkünden wir, und deine Auferstehung preisen wir, bis du kommst in Herrlichkeit« gesungen.

Ideen für den Gottesdienst

Die Kinder werden am folgenden Sonntag eingeladen, sich während des eucharistischen Hochgebetes mit dem Priester um den Altar zu versammeln.

Katechese VI:
Gott lädt uns zum Mahl ein – wir sind mit ihm verbunden

> Kinderbuch S. 68–69

Ziel Die Kinder verstehen den Kommunionteil der Messe als eine Mahlfeier, zu deren Gelingen sie selbst beitragen können.

Phase	Interaktion	Material
Ankommen	Anfangsritual	
Einstieg	Rollenspiel	Lose, Tisch und Stühle
Hauptteil	gelenktes Gespräch: Sammeln von Stichworten zum Rollenspiel	Textkarten (vgl. Material-anhang)
	Zuordnen von Elementen der Messfeier	Tischtuch, Kelch, Hostien-schale
	Ordnen der Karten und Zufügen des fehlenden Elements	
	Arbeit im Kinderbuch: »Kommunion-Knigge«	Kinderbuch
Abschluss	Gebet gestalten	Kinderbuch, Kärtchen

 **Ablauf der Katechese**

Ankommen
Die Kinder werden begrüßt und nehmen Platz. Das Anfangsritual führt zur Ruhe und stiftet Gemeinschaft.

Einstieg
Mitten im Raum steht ein zusätzlicher Tisch mit einigen Stühlen. K hat Lose in der Anzahl der Kinder vorbereitet, auf denen jeweils ein Angehöriger einer Familie steht (Vater, Mutter, Tochter, Sohn Maier; Vater, Mutter, Tochter, Sohn Lehmann usw.). Jedes Kind zieht einen Zettel und sucht rufend nach seiner Familie. Haben sich die Familien gefunden, so

erhalten sie den Auftrag, ein ganz gewöhnliches Abendessen nachzuspielen, so wie es die Kinder daheim erleben. (Bei einer kleinen Gruppe gibt es möglicherweise nur eine Familie, trotzdem können die Kinder Lose ziehen und dadurch die Rollen in der Familie klären.)

Hauptteil

Im Gespräch mit den Kindern arbeitet K heraus, was eine Mahlzeit angenehm macht bzw. was sie stört. (Gegebenenfalls kann er noch Situationen hinzufügen und von einer Gruppe der Kinder vorspielen lassen: Vater ist gestresst, Mutter hat das Essen anbrennen lassen, Tochter hat in Mathe eine 1 bekommen, Sohn will lieber am Computer weiterspielen …) Während des Zusammentragens zeigt K die bereitliegenden Kärtchen mit den Elementen eines gelungenen Mahls: (1) Wir beten. (2) Wir vertragen uns. (3) Wir alle sind eingeladen. (4) Wir sind ganz dabei. (5) Wir bekommen etwas Gutes. Danach holt K eine weiße Decke, die er auf dem Tisch ausbreitet. Er stellt erneut Kelch und Hostienschale darauf und leitet so zum Gottesdienst über. Die Kinder überlegen, was zu einer gelingenden Mahlfeier im Gottesdienst gehört, und nutzen dazu die auf den Kärtchen stehenden Elemente. K trägt die (richtigen) Antworten auf die entsprechende rechte Kartenhälfte: (1) Vaterunser, (2) Friedensgruß, (3) Brot brechen, (4) Gebet vor der Kommunion, (5) Kommunionempfang. Er lässt die Kinder die Karten nach ihrer Reihenfolge im Gottesdienst ordnen; ggf. hilft er dabei. Falls es nicht schon vorher von einem Kind genannt wurde, fragt der Katechet nach einem noch fehlenden Element, dem Dank. Er füllt noch eine 6. Karte aus: Wir bedanken uns./ Dankgebet und Danklied. Sie wird als letzte Karte den anderen zugefügt. Zur Vertiefung vergleichen die Kinder im Buch die dort dargestellten Elemente mit den gerade erarbeiteten. Anschließend lesen sie den »Kommunion-Knigge« im Buch, der vom Katecheten ausreichend betont werden sollte.

Abschluss

Die Kinder schreiben das Dankgebet aus dem Kinderbuch auf ein Kärtchen ab, das ins Gotteslob passt, und gestalten es. K empfiehlt, dieses Gebet ins eigene Gesangbuch zu legen.

 Ideen für den Gottesdienst

Am kommenden Sonntag werden die Kinder zum Kommunionteil um den Altar gebeten. Das Vaterunser könnten sie mit ausgebreiteten Armen beten; zum Friedensgruß reichen sich alle die Hand. Das Kreuz könnte ihnen heute nicht auf die Stirn, sondern in die wie beim Kommunionempfang offenen Hände gezeichnet werden.

Katechese VII: Gott sendet uns – wir gehen unter seinem Segen

→ Kinderbuch S. 70–71

Ziel Die Kinder verstehen zwei wichtige Aspekte des Abschlusses der Eucharistiefeier: die Zusage von Gottes Schutz und Segen und den Auftrag, als Christ im Alltag zu leben.

Phase	Interaktion	Material
Ankommen	Anfangsritual	
Einstieg	Bildbetrachtung und Zuordnung der Abschieds-situation	Bilder mit Abschiedsszenen; Papierstreifen zum Aufschreiben von Formeln beim Verabschieden
Hauptteil	Übertragung der Abschiedswünsche auf den Gottesdienst Konkretisierung im Buch	Kinderbuch
Abschluss	Segensgebet über jedes Kind	Kinderbuch

▶ **Ablauf der Katechese**

Ankommen

Die Kinder stimmen sich mit dem Anfangsritual auf die Katechese ein.

Einstieg

Im Kreis liegen verschiedene Bilder mit Abschiedsszenen (Bildbeispiele s. u.). K fordert die Kinder auf, Worte zu finden, die man in allen Situationen, die zu sehen sind, sagen könnte (→ *Auf Wiedersehen, Mach´s gut, Tschüß, Ade, Adieu …*). Die Kinder schreiben diese Worte auf Papierstreifen und legen sie zu den Bildern.

Hauptteil

K erarbeitet mit den Kindern die Bedeutung solcher Formeln und erinnert daran, dass damit eigentlich gute Wünsche ausgesprochen sind. → *Dem anderen soll es gut gehen,*

man hofft, sich wieder zu treffen, bei »Tschüß« und »Ade« besonders in der Bedeutung
»mit Gott« – ein kleiner Segen, den man so übersetzen könnte: »Gott soll bei dir bleiben
und dich beschützen.«

Von diesem Segenswunsch leitet K zum Ende der Eucharistiefeier über: da spricht der Priester den Segen: Gott soll auch außerhalb der Kirche bei denen bleiben, die mitgefeiert haben.

K fragt die Kinder nach den letzten Worten, die der Priester in der Eucharistiefeier sagt und hilft zur Not nach: »Gehet hin in Frieden.« K erklärt, dass diese Worte eine nicht ganz richtige Übersetzung aus dem Lateinischen ist. Da heißen diese Worte: »Ite missa est.«

– »Seht, es ist gesendet, ihr seid gesandt.« Mit den Kindern wird erarbeitet, was das konkret bedeuten kann. → *Aufgabe eines christlichen Lebens auch nach dem Gottesdienst: Gott nicht vergessen, Gutes tun, anderen von Gott erzählen, beten …*
Die Kinder füllen die Buchseite 70 aus.

Abschluss

K segnet jedes Kind, indem er ihm die Hände auflegt und dazu betet:
»Gott beschütze dich auf deinen Wegen. Er helfe dir, dass du ihn nicht vergisst und anderen von ihm erzählst.«

 Ideen für den Gottesdienst

Einzelsegnung der Kommunionkinder wie oben angegeben auch im Sonntagsgottesdienst.

Das eucharistische Brot – Zeichen der Liebe Gottes zu uns

Katechese I: Das Zeichen des Brotes – Gott bleibt mir in Jesus Christus nahe
Katechese II: Das Zeichen des Brotes – ich kann anbeten

Einführung

Das Wichtigste in Kürze

Die wirkliche Gegenwart Jesu Christi in den eucharistischen Gestalten entzieht sich der Beweisbarkeit, ergibt sich aber aus der Feier der Eucharistie. Weil die Gegenwart Christi über die Messfeier hinaus besteht, hat die Kirche schon immer die übriggebliebenen konsekrierten Hostien ehrfürchtig und sicher aufbewahrt, um sie Kranken und Sterbenden reichen zu können. Epochen, in denen der Kommunionempfang – abhängig auch vom Schuldverständnis und von der Bußpraxis – zurückging, brachten eine verstärkte eucharistische Frömmigkeit in Form der Anbetung hervor. Auch wenn unsere Glaubenspraxis heute veränderte Voraussetzungen vorfindet, soll doch im Anschluss an das Kapitel über die Messfeier der Gedanke der bleibenden Gegenwart Christi in den eucharistischen Gestalten betont werden. Die eucharistische Anbetung wird als eine Möglichkeit vorgestellt, dem Herrn leibhaftig und im persönlichen Gebet zu begegnen.

Die Farbe für dieses Kapitel: Indigo

INDIGO, Farbe des Nachthimmels und des Universums, steht für Konzentration, Gelassenheit und Gottvertrauen. So kann sie hier gedeutet werden für die Hinwendung zu Gott, für gesammeltes Blicken auf IHN und Beten zu IHM. Auch der Gedanke des Geheimnisses kann vertieft werden: So wie die Farbe INDIGO in unserer vertrauten Farbpalette nicht auftaucht und Kindern erst einmal erschlossen werden muss, so bleibt auch Gott – obwohl er uns in der Eucharistie greifbar nahekommt – gleichzeitig unbegreifbar und geheimnisvoll.

Die Erfahrungswelt der Kinder

Die Kinder scheinen auf den ersten Blick mit einer völlig fremden Thematik konfrontiert zu werden. Tatsächlich gibt es aber gute Voraussetzungen für dieses Kapitel: Auch wenn die Kinder »quirlig« sind, haben sie doch ein Empfinden für Stille und lassen sich in der ihnen angemessenen Weise zu ihr hinführen. Weiterhin ist ihnen innere Einstellung der Verehrung im säkularen Bereich nicht fremd: Sie verehren Personen – sei es die Mutter, den Musiklehrer oder den Fußballstürmer – und Gegenstände – einen Goldmedaille, das neue Fahrrad, ihre Barbie-Puppe, Kleidung, auf die sie stolz sind.

Auch die angesprochenen Körperhaltungen sind ihnen vertraut. Mehr noch: gerade Kinder haben ein tiefes Empfinden für das, was Gesten und Haltungen ausdrücken, und können sich so gut in die Thematik hineinbegeben.

Der Fahrplan für dieses Kapitel

So wird im Anschluss an die Messerklärung und -deutung die bleibende Gegenwart Christi im eucharistischen Brot bedacht und zu einem angemessenen Umgang damit verholfen. Über die Form der Anbetung streift das Kapitel gleichzeitig die Gebetspraxis überhaupt und verschiedene konkrete Gebetshaltungen.

Katechese I:
Das Zeichen des Brotes – Gott bleibt mir in Jesus Christus nahe

→ Kinderbuch S. 72–75

Ziel Die Kinder spüren, dass Christus im gewandelten Brot etwas Kostbares und Wichtiges ist und deshalb an einem besonderen Ort (Tabernakel) aufbewahrt wird.

Phase	Interaktion	Material
Ankommen	Anfangsritual	
Einstieg	gelenktes Gespräch	»Schatzkiste«, Zettel
Hauptteil	Textbegegnung: gemeinsames Lesen der Geschichte Textreflexion: gelenktes Gespräch zur Geschichte Arbeit im Buch: eigene Beispiele eintragen	Kinderbuch
	Übertragung: Tabernakel / Monstranz betrachten Gespräch Gestaltung im Buch	Tabernakel/Monstranz in der Kirche oder als Bild Papier, Schere, Buntstifte, Kleber, Kinderbuch, Bastelanleitung (vgl. Materialanhang)
Abschluss	gemeinsames Gebet	Kinderbuch, Gebetsvorschlag

 **Ablauf der Katechese**

Ankommen

K heißt die Kinder willkommen. Die Stunde beginnt mit dem Anfangsritual.

Einstieg

K stellt eine »Schatzkiste« (entweder aus seinem Fundus oder einen mit Goldpapier beklebten Karton) auf ein Tuch in der Mitte und fragt die Kinder: *Was würdet ihr in eine solch kostbare Kiste legen?* Die Kinder schreiben ihre Schätze auf Zettel, lesen diese vor und legen sie ehrfürchtig in die Kiste. In einem nächsten Schritt überlegen die Kinder, ob sie selbst einen Aufbewahrungsort für wertvolle Dinge haben. K sammelt die Antworten und leitet zur Geschichte im Buch über.

Hauptteil

Die Geschichte aus dem Kinderbuch (S. 73) wird gemeinsam gelesen und z. B. mit Hilfe folgender Fragen besprochen: Welches Problem hat Eva am Anfang der Geschichte? Was fällt ihr ein? Was ist ihr besonders wichtig? Warum? Falls in der ersten Fragerunde ähnliche Antworten wie die in der Geschichte noch nicht genannt wurden, ermutigt K die Kinder, nach weiteren Kostbarkeiten (Freunde, Zeit, besondere Erlebnisse ...) zu suchen und die drei wertvollsten an die entsprechende Stelle im Buch (Gedankenblase des Kindes) zu schreiben.

K überlegt mit den Kindern, was in ihrer Kirche besonders wertvoll ist (Fenster, Figuren, Gefäße, Gewänder, eventuell auch Gottesdienste, Menschen, ...). Falls von den Kindern nicht selbst schon genannt, lenkt K deren Gedanken auf das Allerheiligste in unseren Kirchen: → *Jesus Christus, das Heil der Welt, ist im gewandelten Brot gegenwärtig.* Die Kinder erkennen dabei, dass der Tabernakel mit ihren Schatzkisten vergleichbar ist.

K geht mit den Kindern in die Kirche. Im Betrachten des Tabernakels stellen die Kinder fest, woran man erkennen kann, dass in ihm etwas Kostbares aufbewahrt wird (→ *dicke Wände, abgeschlossen, kostbare Gestaltung mit Gold und Steinen verziert*). Notfalls müssen diese Überlegungen mit Hilfe eines Bildes angestellt werden. Möglicherweise kann K den Kindern erklären, dass Tabernakel (lat.) »Zelt« heißt und damit an das Zelt der Bundeslade erinnert wird, in dem die Gesetzestafeln dem Volk Israel immer nahe sein konnten. So will auch Jesus im gewandelten Brot immer nahe bei uns Menschen sein.

K macht die Kinder auf die Funktion des Ewigen Lichts aufmerksam: → *Es brennt immer, wenn sich gewandelte Hostien im Tabernakel befinden, und ist ein Signal dafür, dass Gott in diesem Brot mitten unter uns ist.*

Mit dem Hinweis, sich den Tabernakel noch einmal ganz genau einzuprägen, bittet K die Kinder zurück in den Unterrichtsraum. Dort gestalten sie im Kinderbuch (S. 75) den Tabernakel (vgl. Bastelanleitung im Materialanhang – evtl. als Hausaufgabe).

Abschluss

Zum Abschluss liest ein Kind für alle das Gebet im Buch vor.

 Gebetsvorschlag

Herr Jesus Christus, du bist uns wichtig. Im gewandelten Brot bist du ganz nah bei uns Menschen. Dafür danken wir dir. Amen.

 Ideen für den Gottesdienst

Die Kinder schmücken den Tabernakel festlich mit Blumen, um diesen Ort besonders zu betonen. Im Gottesdienst wird durch den Priester darauf hingewiesen.

Katechese II: Das Zeichen des Brotes – ich kann anbeten

> **Kinderbuch S. 76–77**

Ziel Die Kinder verstehen, dass durch die Monstranz die Kostbarkeit der Nähe Gottes bei den Menschen verdeutlicht wird und begreifen Gebetshaltungen als vielfältige Ausdrucksmöglichkeiten der Beziehung zu Gott.

Phase	Interaktion	Material
Ankommen	Anfangsritual	
Einstieg	Statuenspiel: Empfang bei einem König	Zettel mit Funktionen am Königshof (König, Berater, Diener, Gast)
Hauptteil	stummer Impuls: Monstranz an Königsstelle, gelenktes Gespräch Üben von Gebetshaltungen Gebetssätze finden und ins Kinderbuch einkleben gelenktes Gespräch: Haltungen im Gottesdienst	Monstranz Kinderbuch, Ausschneidebogen mit Textkarten (vgl. Materialanhang), Schere, Kleber
Abschluss	kurze Andacht vor dem Tabernakel, Gebet	

 **Ablauf der Katechese**

Ankommen

K heißt die Kinder willkommen. Die Katechese beginnt mit dem Anfangsritual.

Einstieg

Zu Beginn lässt K die Kinder Zettel ziehen, auf denen je eine Person für ein kurzes Rollenspiel stehen: König, Berater, Diener, Gast (je nach Kinderzahl treten alle Personen außer dem König auch mehrfach auf). Pantomimisch wird ein Empfang beim König nachgestellt. Dabei sollen die Kinder besonders auf die Haltungen achten, mit denen sie dem König begegnen.

Hauptteil

K stellt nun auf den bisherigen Platz des Königs eine Monstranz und lässt sie einige Zeit von den Kindern bestaunen. Gemeinsam überlegen sie, wozu dieses Gerät da sein könnte und warum es den Platz des Königs eingenommen hat. Dabei soll deutlich werden, dass das wertvolle Gefäß auf den noch kostbareren »Inhalt« verweist: Jesus, das Heil der Welt, den wir auch als König verehren. (Notfalls muss ein Bild die Monstranz ersetzen.)

vergrößerte Abbildung auf Seite 143

Die Kinder tragen zusammen, wie sie im Rollenspiel dem König begegnet sind und welche dieser Haltungen man auf die Verehrung des Königs in der Monstranz übertragen könnte: sich verneigen, knien, Kniebeuge, Hände falten. Sollten im Spiel am Beginn einzelne Haltungen gefehlt haben, kann K sie dort pantomimisch oder jetzt erklärend ergänzen.

K bittet jeweils ein Kind, eine dieser Haltungen noch einmal zu zeigen. Die anderen Kinder überlegen, was diese Haltung gegenüber Jesus Christus ausdrückt und formulieren einen entsprechenden Gebetssatz. Die Vorschläge der Kinder werden von K so harmonisiert, dass sie den Sätzen auf den Kärtchen im Materialanhang ähneln, die anschließend von den Kindern ausgeschnitten und ins Kinderbuch eingeklebt werden können: → *Jesus, ich bete dich an. Jesus, ich höre dir zu. Jesus, ich darf zu dir gehören. Jesus, du bist so unbegreiflich groß. Jesus, ich will ganz bei dir sein. Jesus, ich will in deinem Namen gehen.*

Wenn genügend Zeit bleibt, können die Kinder überlegen, an welcher Stelle des Gottesdienstes diese Haltungen vorkommen und warum sie gerade dann eingenommen werden. K ermutigt, diese Gebetssätze auch während des Gottesdienstes oder beim Besuch einer Kirche still für sich zu sprechen.

Abschluss

Die Kinder versammeln sich in der Kirche vor dem Tabernakel. Sie werden eingeladen, ihre Bitten und Anliegen, alles, was sie Jesus sagen möchten, in einer kurzen Zeit der Stille vor Gott zu tragen. Gemeinsamer Abschluss mit Vaterunser.

Ideen für den Gottesdienst

Während des Hochgebetes kommen die Kinder nach vorn, stehen mit dem Priester um den Altar und machen mit ihm gemeinsam die Kniebeuge (evtl. vor Beginn des Gottesdienstes üben).

Ich selbst –
Zeichen der Liebe Gottes zu uns

Katechese: Ich lebe als Christ – damit zeige ich Gottes Liebe

Einführung

Das Wichtigste in Kürze

Das große Fest der Erstkommunion ist zwar Zielpunkt einer langen und abwechslungs-
reichen Vorbereitungszeit, gleichzeitig aber auch Start für ein neues, erweitertes Mittun
in der Gemeinschaft der Gläubigen. Nach der Einführung in das Heilsgeheimnis Gottes
sollen die Kinder nun bewusster im Heil leben. Die Mitfeier der Eucharistie vertieft
dieses Heil von Gott her. Sich in diese Feier einzubringen, sich in der Gemeinde heimisch
zu fühlen, mit Gott in Verbindung zu bleiben in der Gemeinschaft der Kirche und im
Miteinander von Menschen, zu denen wir gesandt sind: das alles kann Auftrag sein für
den, der Eucharistie feiert. Denn Gott will sein Reich weiterbauen, will sein Heil auch
durch uns wirken.

Die Farbe für dieses Kapitel: Violett

VIOLETT ist die Farbe zwischen vitalem Rot und transzendentem Blau. So ist sie einerseits
geheimnisvoll, andererseits vermittelnd. (Das Violett der Bischöfe soll hier seinen Ursprung
haben: sie sind Mittler zwischen Gott und den Menschen.) Auch wir sollen solche Vermitt-
ler sein, sollen Gott bei den Menschen zur Sprache bringen und die Menschen mit Gott in
Berührung bringen. Auf diese Weise können wir alle am Heil der Welt mitwirken.

Die Erfahrungswelt der Kinder

Kinder wollen aktiv werden; mitunter brennen sie bereits in diesem Alter darauf, etwas
zu verändern oder zu verbessern. Gleichzeitig bringen sie eine natürliche Neugierde mit,

etwas von anderen zu erfahren. Was manchem Lehrer zu schaffen macht – der Drang der Kinder, sich zu bewegen und zu handeln – soll an dieser Stelle positiv aufgegriffen und für den Glaubensweg der Kinder nutzbar gemacht werden. Dass Kinder dieses Alters noch leicht zu motivieren sind, kommt dem Anliegen des abschließenden Kapitels entgegen. Schließlich werden die Gruppenerfahrungen des Erstkommunionjahres nicht unwichtig sein für weitere Entscheidungen mancher Kinder. Haben sie Freunde gefunden und sind der Gemeinde gegenüber aufgeschlossen, werden sie – vielleicht unverhofft – auch weiterhin den Unterricht besuchen, Ministrant werden oder erstmalig an einer Religiösen Kinderwoche teilnehmen.

Katechese I: Ich lebe als Christ – damit zeige ich Gottes Liebe

▶ Kinderbuch S. 78–79

Ziel Die Kinder verstehen die Teilnahme an der Eucharistiegemeinschaft als Ermutigung, immer tiefer in die Gemeinde hineinzuwachsen und lernen dazu verschiedene Möglichkeiten in der Gemeinde kennen. Für diese Katechese sollten Gemeindemitglieder eingeladen werden, die sich aktiv für die Gemeinde engagieren und bereit sind, davon zu berichten.

Phase	Interaktion	Material
Ankommen	Anfangsritual	
Einstieg	gemeinsames Erinnern kurzes Gespräch	gestaltete Mitte mit Regenbogentuch, Fotoalbum, Kommunionkerze, Wäscheleine mit Fotos
Hauptteil	Interviews mit Gemeindemitgliedern	leere Flasche, vorbereitete Fragen
Abschluss	Übertragung: Entscheidung für eigene Aktivität Gebet	Kinderbuch Gebetsvorschlag

▶ Ablauf der Katechese

Ankommen
Im Unterrichtsraum ist eine Wäscheleine gespannt, an der verschiedene Fotos aus dem Gemeindeleben hängen. (Pro Kind sollten es mindestens drei sein.)
Die gegenseitige Begrüßung und der Beginn erfolgen in der gewohnten Form.

Einstieg
K lädt die Kinder zu einer kleinen Zeitreise durch das Erstkommunionjahr ein. Sie sollen in der Stille mit geschlossenen Augen die gemeinsamen Erlebnisse Revue passieren lassen und im Anschluss daran eins davon der Gruppe mitteilen. Alternativ könnte die

Zeitreise auch anhand von Fotos aus dem Erstkommunionjahr erfolgen. K fasst zusammen: →*So vieles haben wir in diesem Jahr miteinander erlebt. Eigentlich schade, dass das jetzt vorbei ist. Könnte es nicht irgendwie weitergehen?*

Hauptteil

Im Gespräch sammeln die Kinder Möglichkeiten, wie sie auch weiterhin eine Gemeinschaft bleiben und weiter in die Gemeinde hineinwachsen können. K hilft ihnen, realistische Möglichkeiten zu erkennen und ergänzt diese evtl. durch noch nicht genannte Angebote der Gemeinde bzw. des Dekanats (→*Messdiener, Kinderschola, Familienwochenende, Kindertreff, Pfadfinder...*).

K macht die Kinder darauf aufmerksam, wie viele Menschen sich in der Gemeinde über den Sonntagsgottesdienst hinaus engagieren, heißt die Gäste (die bisher zugehört haben) willkommen und stellt sie kurz vor.

Über die Methode des »Flaschendrehens« wird das Gespräch in Gang gebracht: Alle sitzen im Kreis. K dreht in der Kreismitte als erster eine leere Flasche. Zeigt die Flaschenöffnung auf ein Kind, so darf dieses einem Gast eine Frage zu seiner Glaubenspraxis und seinem Engagement in der Gemeinde stellen. Für den Fall, dass dem Kind keine Frage einfällt, hat K auf Papierstreifen entsprechende Fragen vorbereitet, aus denen das Kind eine ziehen und vorlesen kann, z.B.: *Gehen Sie jeden Sonntag zur Messe? Sind Sie als Kind gern zur Kirche gegangen? Was bedeutet für Sie die Eucharistiefeier? Was gefällt Ihnen an unserer Gemeinde? In welcher Gruppe arbeiten Sie in unserer Gemeinde mit? Welche Angebote würden Sie uns Kindern empfehlen?* Zeigt die Flaschenöffnung auf einen Gast, so darf dieser etwas Wichtiges von seinem Christsein erzählen. Das Spiel endet, wenn genügend interessante Aspekte erwähnt worden sind bzw. die Zeit abgelaufen ist.

Abschluss

Vom Spiel leitet K zur Buchseite über. Er bespricht sie kurz mit den Kindern und fordert sie dann auf, Aktionen einzurahmen, an denen sie gern teilnehmen würden. Anschließend sollen sie von den Gästen, dem Katecheten oder ausliegenden Pfarrbriefen die Termine für die entsprechenden Dinge herausbekommen und neben das Bild schreiben. Am Schluss wählt jedes Kind einen Gast aus, dem es seine Buchgestaltung zeigt und erklärt, warum es gerade diese Situationen ausgewählt hat.

Abschließend äußert K die Hoffnung, dass sich die Kinder in der Gemeinde wohl fühlen, dankt den Gästen für ihr Kommen und beendet die Stunde mit einem Segensgebet (Gebetsvorschlag).

Gebetsvorschlag

Gott, guter Vater, du versammelst unsere Gemeinde um den Altar. Hier haben wir Gemeinschaft mit dir und miteinander. Segne alle, die in unserer Gemeinde einen Dienst tun, segne uns und alle, die zu unserer Gemeinde gehören. Amen.

Ideen für den Gottesdienst

Zum Segen werden die Erstkommunionkinder nach vorn geholt. Der Priester verdeutlicht der gesamten Gemeinde, dass diese Kinder nun einen weiteren Schritt in die Gemeinde hineingewachsen sind und auch in ihr Verantwortung übernehmen wollen. Er kann dazu in der Katechese gefundene Ideen erklären und die Erwachsenen bitten, die Kinder dabei zu unterstützen und ihnen ein gutes Vorbild zu sein. Dann segnet er die Kinder einzeln für diesen Auftrag.

Elternarbeit zum Kommunionkurs »Zeichen der Liebe«

Vorbemerkungen

In vielen Gemeinden wird in der Erstkommunionvorbereitung großer Wert auf die Einbeziehung der Eltern gelegt. Mancherorts gibt es gemeinsame Treffen für Eltern und Kinder, manchmal findet die Vorbereitung in Familien statt. Aber auch dort, wo Eltern »nur« zu Elternabenden zusammenkommen, sollte die Möglichkeit genutzt werden, sie in ihrem Glauben zu stärken und ihr Wissen um den Glauben zu vertiefen. Das stellt Mitarbeiter in den Gemeinden vielfach vor nicht geringe Probleme, da auch evangelische oder nicht getaufte Eltern unter den Kommunioneltern zu finden sein können. Mit ihnen über die Glaubensthemen, die hinter der Erstkommunion stehen, ins Gespräch zu kommen, mag schwierig sein, sollte aber zumindest versucht werden.

Im Folgenden gibt es für jedes Kapitel einen Vorschlag für die Arbeit mit den Eltern, der sich in drei Abschnitte gliedert:

Es finden sich Impulse, die Themen, die auch bei den Kindern im Mittelpunkt stehen, aufgreifen, für Erwachsene umsetzen und deren Glauben vertiefen wollen (A).

Ein zweiter Teil beschäftigt sich konkret mit der Vorbereitung der Erstkommunion. Hier werden die Erwartungen der Eltern, die nicht nur katechisiert werden wollen, sondern auch an Ablauf und Organisation des Festes interessiert sind, aufgenommen. Gerade für der Kirche fernstehende oder nicht katholische Eltern ergeben sich möglicherweise auf diesem Weg Chancen, sich einzubringen (B).

In einem dritten Teil werden Aktionen vorgeschlagen, die gemeinsames Tun von Kindern und Eltern innerhalb der Erstkommuniongruppe möglich machen. Diese Aktionen könnten beispielsweise bei einem gemeinsamen Treffen am Wochenende stattfinden (C).

Hingewiesen sei auch nochmals auf den Familienkalender, mit dem Eltern und Kinder eingeladen sind, das Vorbereitungsjahr auf die Erstkommunion bewusst zu gestalten, sowie auf das Eltern-Handbuch, das die die häufigsten Fragen der Eltern zu den Themen der einzelnen Kapitel beantwortet.

Der Regenbogen – Zeichen der Liebe Gottes zu uns

A: thematischer Impuls

- Die Eltern sitzen im Kreis, die Kreismitte ist so gestaltet, wie in der ersten Kinderkatechese: ein Regenbogentuch, auf dem rote Rosen, Eheringe und ein Freundschaftsband liegen.
- Zu Beginn werden die Eltern eingeladen, sich vorzustellen und auch den Namen des Kindes zu nennen, das in diesem Jahr zur Erstkommunion geht.
- Den Eltern wird das Kinderbuch gezeigt und vorgestellt, worum es diesem Kommunionkurs geht: Zeichen der Liebe Gottes zu uns Menschen zu entdecken und zu feiern. Der Regenbogen wird als sich durchziehendes Element des Kurses vorgestellt und als Zeichen der Treue Gottes und seines Versprechens, die Erde nie wieder zu vernichten, eingeführt.
- Die Eltern ordnen sich nun einem der im Kreis liegenden menschlichen Zeichen der Liebe zu, das sie besonders anspricht, und werden so in Gruppen aufgeteilt.
- In den Gruppen erfolgt ein Austausch darüber, was das Zeichen für die Einzelnen bedeutet. Dann sind die Eltern eingeladen, den anderen Eltern in ihrer Gruppe ihr Kind vorzustellen und ein Zeichen zu Papier zu bringen, das sie besonders an das Erstkommunionkind erinnert.
- Wieder im Kreis versammelt, werden die Eltern angeregt, das eben entworfene Zeichen mit nach Hause zu nehmen und es als Begleiter bis zur Erstkommunion zu verstehen, als Zeichen besonderer Aufmerksamkeit für das Erstkommunionkind. Die Eltern werden eingeladen, für dieses Kind über die Vorbereitungszeit besonders Gottes Segen zu erbitten.

B: Organisatorisches

- K sollte die Wichtigkeit der Zeichen von Gottes Liebe betonen und auch auf die Erstkommunion, deren wichtigster Inhalt die Feier dieser Liebe und Zuwendung Gottes ist, als solches Zeichen verweisen. Erst nach diesem Vorwort ist es sinnvoll, sich über Organisatorisches zu unterhalten.
- Folgende praktische Fragen sollten nun erörtert und besprochen werden:
  - Termin der Erstkommunion
  - evtl. Termine für die Vorbereitungstreffen
  - Frage nach der Kleidung, auch Verweisen auf Möglichkeiten, gebrauchte Kommunionkleidung zu borgen

- Vorstellung der Materialien zur Vorbereitung: Kinderbuch, Familien-kalender, Eltern-Handbuch

C: gemeinsames Tun

– Eltern und Kinder könnten gemeinsam einen großen Regenbogen gestalten, dieser kann die Fotos der Kommunionkinder enthalten und sie so der Gemeinde vorstellen. Vielleicht findet sich in der Kirche ein Platz dafür.

Jesus Christus – Zeichen der Liebe Gottes zu uns

A: thematischer Impuls

– In der Mitte liegen auf Streifen die Überschriften der Kinderkatechesen oder Bilder zu den dort erzählten Jesusgeschichten.
– Die Eltern werden eingeladen (bei großer Zahl: in Gruppen), über folgende Fragen ins Gespräch zu kommen: *Wie erlebe ich mein Kind? Was sind Grundsituationen im Gefühlsleben meines Kindes?* Die Antworten werden zusammengetragen.
– K erläutert die Auswahl der Jesusgeschichten im Kinderbuch als exemplarische Darstellung solcher Grundsituationen (Kindsein der Kinder; Fähigkeiten und Talente; am Rand stehen; Angst und Vertrauen) und deren Aufnahme in die Beziehung zu Jesus: So wie Jesus damals Menschen in ihren verschiedenen Situationen begegnet ist, will er uns auch heute begegnen. Die Geschichten verweisen aus der Vergangenheit in die Gegenwart der Kinder (und Eltern), und wollen das Vertrauen wecken, dass Jesus unser Heil befördert.

B: Organisatorisches

– Mit den Eltern kann die Geschenkfrage besprochen werden. Dabei werden sie eingeladen, nachzudenken: *Was tut meinem Kind gut? Was bestärkt es auf seinem Lebensweg?* und entsprechende Geschenktipps an Verwandte weiterzugeben. Die »klassischen« Kommuniongeschenke wie Gebetbuch, Bibel, Rosenkranz, Kreuz oder auch Engeldarstellungen könnten vorgestellt werden als Geschenke, die die Verbindung mit Jesus ermöglichen oder an sie erinnern und deshalb wohltuend sein können.
– Die Eltern könnten eingeladen werden, in diesem Jahr ihre Kinder genau zu beobachten und ihre Entwicklung auch in Fotos festzuhalten. Es könnte auch

miteinander vereinbart werden, die Gruppe bei verschiedenen Aktionen im Erstkommunionjahr zu fotografieren, vor allem auch, weil die Fotos in der letzten Katechese gebraucht werden.

C: gemeinsames Tun

– Es werden Kerzen und Wachsplatten bereitgestellt. Eltern und Kinder werden zur Gestaltung einer Gebetskerze für zuhause eingeladen.

Die Taufe – Zeichen der Liebe Gottes zu uns

Bei diesem Elternabend ist wie bei den folgenden, die sich mit den Sakramenten beschäftigen, auf die Situation zu achten: Das Reden über Taufe darf ungetaufte Eltern nicht ausschließen, sollte aber gleichzeitig den Wert der Taufe deutlich zur Sprache bringen.

A: thematischer Impuls

– In der Mitte stehen Wasserkännchen, Taufkleid, Taufkerze und die Gefäße mit den Salbölen.
– K erinnert die Eltern an die Taufe ihrer Kinder, bei der diese Gegenstände eine Rolle spielten.
– Die Eltern teilen sich in kleine Gruppen und werden eingeladen, sich gegenseitig von ihren Erinnerungen an die Taufe des Kommunionkindes zu erzählen. (Achtung: wenn ein Kind erst vor der Kommunion getauft wird, ist darauf zu achten, dass dessen Eltern nicht in Verlegenheit gebracht werden, sondern einfach den Erzählungen der anderen zuhören dürfen.)
– Anschließend kann K die Bedeutung der Gegenstände erklären und sollte dabei auch auf die Bedeutung der Paten verweisen.

B: Organisatorisches

– Den Eltern kann vorgeschlagen werden, den Kindern vor dem wichtigen Fest der Erstkommunion ein Patenwochenende zu ermöglichen.
– Schon hier können erste Überlegungen zum Kommuniongottesdienst erfolgen: Was soll den Kindern in diesem Gottesdienst von Gott vermittelt werden? Welche Lieder und Texte könnten den Kindern Halt geben? Wie können Eltern und Paten sich einbringen? Dies alles sind noch Vorabsprachen, konkret wird es später werden. Der Vorteil dieses frühen Überlegens ist, dass der Gottesdienst in seiner

Bedeutung betont wird und die Eltern Möglichkeiten des Mitdenkens und Mitgestaltens finden können.

– Die Eltern werden im Vorfeld gebeten, Fotos oder Videos von der Taufe des Kindes mitzubringen, vielleicht auch die Taufkerze oder -urkunde.
– Anhand der mitgebrachten Dinge erzählen die Eltern ihren Kindern von deren Taufe, die sie ja nicht bewusst erlebt haben. Auch hier ist auf Kinder, die noch nicht getauft sind (die könnten in die Planung ihrer Taufe einbezogen werden) oder deren Eltern nicht beim Treffen sind, zu achten.

Das Sakrament der Versöhnung – Zeichen der Liebe Gottes zu uns

Wenn K mit den Eltern vertraut ist, kann er zum Thema Beichte eine Runde anbieten, in der Eltern ihre Fragen zu diesem Sakrament stellen können. Damit wird der Abend mit Sicherheit gefüllt sein. Auch bei diesem Elternabend ist auf Nichtkatholiken und von den Sakramenten ausgeschlossene Eltern besonders zu achten.

– K führt als Thema das Sakrament der Versöhnung ein und stellt die wichtige Frage: *Worum geht es dabei und wie ist es im Alltag zu üben?*
– Er erläutert den Eltern das Grundanliegen der Katechesen zur Vorbereitung des Bußsakramentes: Von Heil und Unheil in der Welt ausgehend wird das Bewusstsein für die eigene Verantwortung und die Möglichkeit zur Entscheidung für Gut und Böse geschärft. Dadurch geschieht Gewissensbildung.
– Das Gebet der liebenden Aufmerksamkeit wird vorgestellt – dazu das Haus im Kinderbuch (S. 46/47) nutzen – und als gute Möglichkeit zur kontinuierlichen Vorbereitung auf die Beichte empfohlen.
– Die Eltern werden eingeladen, mit ihren Kindern diese Form des Tagesrückblicks, in dem es um das Wahrnehmen der Gegenwart Gottes im eigenen Lebensalltag sowie um das Gelungene und das Misslungene darin geht, zu praktizieren.
– In Vorbereitung auf die Erstbeichte kann empfohlen werden, regelmäßig wichtige Punkte als Gedächtnisstützen aufzuschreiben.

- Gemeinsam können die Eltern dazu beitragen, dass die Erstbeichte ein Fest wird: Aufgaben wie Kuchen backen, den Raum schmücken oder Spiele vorbereiten können verteilt werden.
- Gemeinsam kann man eine Andacht vor der Erstbeichte gestalten und die Eltern einladen, selbst zur Beichte zu gehen. Diese Einladung sollte den (katholischen) Eltern auch die Freiheit lassen, das Sakrament der Versöhnung nicht zu empfangen.

C: gemeinsames Tun

- Die Feier der Erstbeichte.

Die heilige Messe – Zeichen der Liebe Gottes zu uns

In einem der Treffen mit den Eltern kann K besonders auf die heilige Messe eingehen und Fragen der Eltern zum Gottesdienst beantworten. Damit ist der Abend erfahrungsgemäß gefüllt. Auch bei diesem Elternabend ist auf Nichtkatholiken und von den Sakramenten ausgeschlossene Eltern besonders zu achten.

A: thematischer Impuls

- In der Mitte liegt ein Bild den Kinderbuchseiten 58/59 mit dem Gottesdienstablauf.
- Die Eltern können eingeladen werden, die einzelnen Teile zu ordnen und sich über ihren Sinn auszutauschen.
- Dabei sollte auch die »Sonntagspflicht« zur Sprache kommen: regelmäßiger Gottesdienst als Ausdruck des Glaubens in Gemeinschaft, als Möglichkeit für Kinder wie Eltern, gleichgesinnte Freunde zu treffen und in der Dimension der Verantwortung für die Gemeinde.
- Der Dienst der Ministranten kann hier vorgestellt werden als Möglichkeit für die Kinder, aktiv am Gottesdienst beteiligt zu werden.
- Spätestens hier lässt sich auch thematisieren, wie die Beteiligung am Sonntagsgottesdienst während der Erstkommunionzeit mit eigenen Beiträgen (vgl. Gottesdienstidee am Ende jedes Katechesenvorschlags) von den Kindern angenommen wird.

B: Organisatorisches

– Hier könnte die Vorbereitung des Kommuniongottesdienstes konkreter werden, was Inhalte ebenso wie Äußeres betrifft:

- Fragen der Sitzordnung könnten geklärt werden. Sitzen die Kommunionkinder als Gruppe zusammen oder jeweils mit ihren Eltern? Gehen sie allein zur Kommunion oder werden sie von ihren Eltern begleitet?
- Es sollte geklärt werden, wer zur Kommunion zugelassen ist.
- Praktische Dienste können verteilt werden: Blumenschmuck und Gestaltung der Kirche, Fotograf.
- Der Termin zum Üben sollte abgesprochen werden.

C: gemeinsames Tun

– Es können Gruppen gebildet werden, die einzelne Elemente des Gottesdienstes gestalten und vorbereiten: evtl. Bilder o. ä. für das Fest malen, Fürbitten schreiben, Gabengang kreativ gestalten, Lieder auswählen und einüben (je nach Möglichkeiten auch mit Instrumenten).

Das eucharistische Brot – Zeichen der Liebe Gottes zu uns

An diesem Teil können auch nicht-katholische Elternteile problemlos teilnehmen, allerdings sollten sie vorbereitet und in theologische (Gegenwart Christi im Allerheiligsten) sowie praktische (Wozu knien wir? Was soll der Weihrauch, die Monstranz?) Sachverhalte eingeführt werden.

C: gemeinsames Tun

– Eltern und Kinder werden zu einer gemeinsamen eucharistischen Andacht eingeladen, diese kann gleichzeitig die vielerorts übliche Dankandacht sein (die mit gemeinsamem Picknick oder ähnlichem Beisammensein verbunden werden kann).

Vorbereiten: gelbes Tuch, Osterkerze, Blumen mit Vase, Krug mit Wasser, Stein, Brot, schwarzes Tuch, Teelicht für jedes Kind, Gebetstexte, Weihrauch bereitstellen.
Bei den mit * markierten Teilen ist es sinnvoll, diese im Vorfeld gemeinsam zu erarbeiten und Kinder und Eltern ihre eigenen Gedanken einbringen zu lassen. Im eucharistischen Teil können die Christusanrufungen auch spontan formuliert werden.

P=Priester, K=Katechet

P/K: Im Namen des Vaters …
         Guter Gott, unser Vater im Himmel. Wir haben Erstkommunion gefeiert. So wollen wir dich heute besonders loben und dir von Herzen danken. Du hast uns geschaffen und mit Namen gerufen. Wir staunen über alles, was du geschaffen hast. Darum wollen wir dir singen und dich preisen.

Liedruf: »Dafür will ich dir danke sagen« (vgl. Materialanhang)

Kind legt gelbes Tuch vor Altar

P/K: Woran erinnert uns die Farbe des Tuches?
         – Freude, Licht, Sonne …

Gebet: *(Kinder)**
         Guter Gott, unter der Sonne zu sein, ist schön.
         Danke für den Tag.
         Danke für das Licht.
         Danke für die Wärme.
         Danke für das Leben.
         Danke für jeden neuen Tag.
         Behüte uns, dass wir immer in deinem Licht gehen.

Liedruf: »Dafür will ich dir danke sagen«

Kind stellt Blumen auf Tuch

P/K: Wofür könnten die Blumen ein Zeichen sein?
         – Natur, Pflanzen, Tiere …
Gebet: *(Eltern)**
         Guter Gott, wir erleben, wie unsere Kinder deine schöne Welt entdecken.
         Mit ihnen können wir aufmerksam für deine gute Schöpfung werden.
         Wir sind auch verantwortlich, dass sie erhalten bleibt. Wir danken dir für die Schöpfung:

Liedruf: »Dafür will ich dir danke sagen«

Kind trägt Krug mit Wasser auf Tuch

P/K: Wofür steht dieser Krug mit Wasser?
         – Bäche und Flüsse, Leben

Gebet: *(Kinder)**
         Guter Gott, du schenkst uns das Wasser.
         Es stillt den Durst.
         Es tränkt die Erde und lässt die Pflanzen wachsen.
         Es reinigt und erfrischt.
         Dafür wollen wir dir danken.

Liedruf: »Dafür will ich dir danke sagen«

Kind trägt Stein zum Tuch

P/K: Wofür könnte der Stein ein Zeichen sein?
         – Schweres, Arbeit und Mühe

Gebet: *(Kind)**
         Guter Gott, jeden Tag gehen viele Menschen zur Arbeit.
         Unsere Eltern arbeiten für uns.
         Auch wir haben unsere Arbeit zu tun, in der Schule und zu Hause. Manchmal ist
         die Arbeit schwer und mühsam.
         Gib uns allen Kraft für unsere Arbeit,
         gib uns Geduld und Liebe.
         Danke, dass wir an deiner Schöpfung mitwirken dürfen.

Liedruf: »Dafür will ich dir danke sagen«

Kind trägt Brot nach vorn

P/K: Wofür steht das Brot?
         – Nahrung, Ernte

115

Gebet: *(Eltern)**

Guter Gott, wir sind verantwortlich für unsere Kinder, für unsere Familie.

Wir haben für das Lebensnotwendige zu sorgen.

Lass uns deine guten Gaben schätzen.

Lass uns die nicht vergessen, die Hunger leiden.

Wir danken dir für die Menschen, die sich um uns mühen,

dass wir zu essen haben.

Wir danken dir, dass wir gut leben können.

Liedruf: »Dafür will ich dir danke sagen«

Kind trägt schwarzes Tuch nach vorn und legt es an eine Seite – kurze Stille

P/K: Wofür ist das schwarze Tuch ein Zeichen?

– Trauer, Angst, Tod

Gebet: *(Kinder)**

Guter Gott, in deiner schönen Welt ist auch der Tod.

Er ist dunkel, er ist unheimlich und schwer zu verstehen.

Blumen, Bäume, Tiere und Menschen, sie alle müssen sterben.

Darum haben wir manchmal Angst und sind traurig.

Aber du lässt uns nicht allein.

Osterkerze anzünden.

Du schenkst uns neues Leben.

Du bist der Herr über Tod und Leben, dafür danken wir dir.

Liedruf: »Dafür will ich dir danke sagen«

P/K: Vater im Himmel, du hast uns deinen Sohn geschenkt, der auf die Welt kam, um als Freund und Bruder unter uns zu leben.

Er hat gesagt: »Ich bin das Licht der Welt. Ihr sollt das Licht des Lebens haben.«

Deshalb wollen wir jetzt alle ein Licht anzünden an der Osterkerze und es auf unser Tuch stellen und uns im Halbkreis darum stellen.

Kinder entzünden ihre Teelichter an der Osterkerze

Wir haben jetzt alles geschmückt, nun wollen wir Jesus einladen.

Lied zur Aussetzung: »Wir stehen hier um den Altar« 1. Strophe (vgl. Materialanhang)

P trägt feierlich die Monstranz oder das Ziborium auf das Tuch in die Mitte der Kerzen.

P: In einem kostbaren Gefäß, der Monstranz, steht nun das Brot des Lebens, der heilige Leib des Herrn, in unserer Mitte. Jesus, der in der Kommunion zu uns kommt, ist nun bei uns. Wir wollen das Knie beugen und Jesus anbeten:

alle knien

P: Herr Jesus Christus, du bist in unserer Mitte, wir beten dich an. Du Licht der Welt, wir knien vor dir. Du bist hier bei uns in der heiligen Eucharistie, in diesem Brot des Lebens. Denn du hast gesagt: »Dieses Brot ist mein Leib für euch.«

Lied: »Wir stehen hier um den Altar« 2. Strophe

Einleitung

P/K : Jesus ist ganz nah bei uns, wir dürfen ihn anrufen, ihm unseren Dank und unsere Freude mitteilen.

1. Kind*: Jesus, danke, dass du bei uns bist.

2. Kind*: Jesus, ich freue mich, dass die Erstkommunion ein schönes Fest war.

3. Kind*: Jesus, wir haben im Erstkommunionjahr neue Freunde gefunden.

4. Kind*: Jesus, du sollst mein Freund sein.

P/K: Herr Jesus Christus, du schenkst uns alles, was wir zum Leben brauchen. In dem Brot, das wir in der Kirche miteinander brechen, schenkst du uns Anteil an deinem Leib und an deinem Leben. In deiner Liebe sind wir alle eine Familie. Gib uns die Kraft, deine Liebe weiterzuschenken und deine Schöpfung gut zu behandeln.

P/K: Jesus ist hier in diesem Brot.
Wir wollen einen Moment still sein und Jesus still sagen, was uns bewegt.
Dazu können wir Weihrauchkörner einlegen. So wie der Rauch zu Gott aufsteigt, so sollen auch unsere Gebete zu ihm gelangen.

Kinder und Eltern dürfen einzeln vor den Altar treten und ein Weihrauchkorn auf die Kohle legen.

Anbetungsrufe

P/K: Gott, du bist gut.

Alle: Wir loben dich, wir danken dir.

1. Kind: Jesus, du bist das Brot für uns und für das Leben der Welt – *Alle:* Wir loben dich, wir danken dir.

2. Kind: Jesus, du bist das Licht der Welt. Du schenkst uns Freude und vertreibst die Angst. – *Alle:* Wir loben dich, wir danken dir.

3. Kind: Jesus, du schenkst den Frieden und gibst uns die Kraft, Gutes zu tun. – *Alle:* Wir loben dich, wir danken dir.

4. Kind: Jesus, du bist mit uns, und wir dürfen eins sein mit dir. – *Alle:* Wir loben dich, wir danken dir.

P/K: Lasst uns mit Jesus zu Gott, unserem Vater, beten:

Alle: Vater unser im Himmel ...

Lied: »Sakrament der Liebe Gottes« (GL 542)

Eucharistischer Segen

Ich selbst – Zeichen der Liebe Gottes zu uns

Dieses Treffen ist für die Zeit nach der Erstkommunion gedacht. Die Eltern können einerseits das Fest noch einmal gemeinsam auswerten und Erinnerungen austauschen, andererseits soll nun überlegt werden, wie die Kinder auch in Zukunft weiter in die Gemeinde integriert werden und aktiv am Gemeindeleben teilnehmen können.

A: thematischer Impuls

– In der Kreismitte liegt ein Weg aus Tüchern, an dem während der Kommunionvorbereitung entstandene Dinge platziert sind, der außerdem ein Symbol für die Feier der Erstkommunion enthält und mit einem großen Fragezeichen endet.

– Die Eltern werden eingeladen, für sie bedeutsame Ereignisse während der Vorbereitung zu nennen.

- K leitet dann zum Fragezeichen über: der Weg in der christlichen Gemeinde ist mit der Erstkommunion nicht zu Ende, sondern kann in der inzwischen gewonnenen Gemeinschaft weitergegangen werden.
- Dazu stellt er Angebote der Gemeinde vor: Ministranten, Kinderchor, Krippenspiel, Religiöse Kinderwoche, Gemeindefest, Gruppenstunden, Familiengottesdienste ...
- Es können auch neue Vorschläge gemacht werden: einen neuen Gottesdienstkreis gründen, Einladung an die Kinder, den Pfarrer zur Krankenkommunion zu begleiten, weitere thematische Treffen für Eltern und/oder Kinder.

B: Organisatorisches

- Gemeinsame Teilnahme an der Fronleichnamsprozession und ein anschließendes Fest oder andere weiterführende Aktionen könnten geplant und abgesprochen werden.

C: gemeinsames Tun

- Die Eltern werden im Vorfeld eingeladen, Fotos von der Erstkommunion mitzubringen.
- Gemeinsam wird eine Schautafel mit Bildern und Texten zum Thema »unsere Erstkommunion« gestaltet. Vielleicht kann ein Artikel für den Gemeindebrief oder die Tagespresse geschrieben werden.
- Außerdem können Fotos angesehen und Erinnerungen ausgetauscht werden.

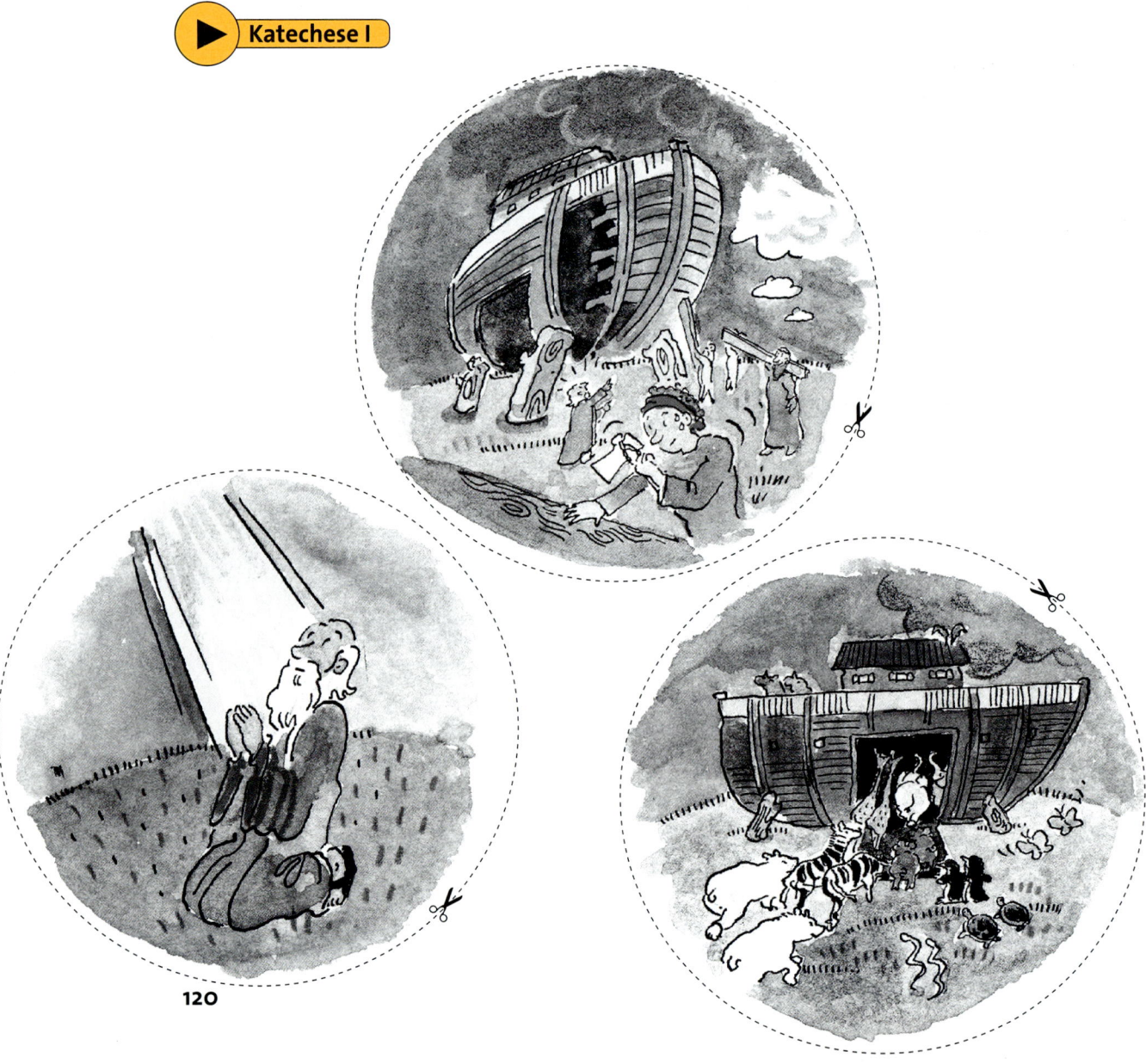

Materialanhang

Auf den folgenden Seiten sind die Materialien für die einzelnen Katechesen in der Reihenfolge, in der sie benötigt werden, unter der jeweiligen Kapitelüberschrift zusammengestellt. Wenn sie direkt für die Arbeit mit dem Kinderbuch gedacht sind, so wird auf die entsprechende Seite verwiesen.

Der Regenbogen – Zeichen der Liebe Gottes zu uns

▶ **Katechese I**

121

Jesus Christus – Zeichen der Liebe Gottes zu uns

▶ Katechese II Kopiervorlage für die Arbeit mit dem Kinderbuch S. 18 und 22

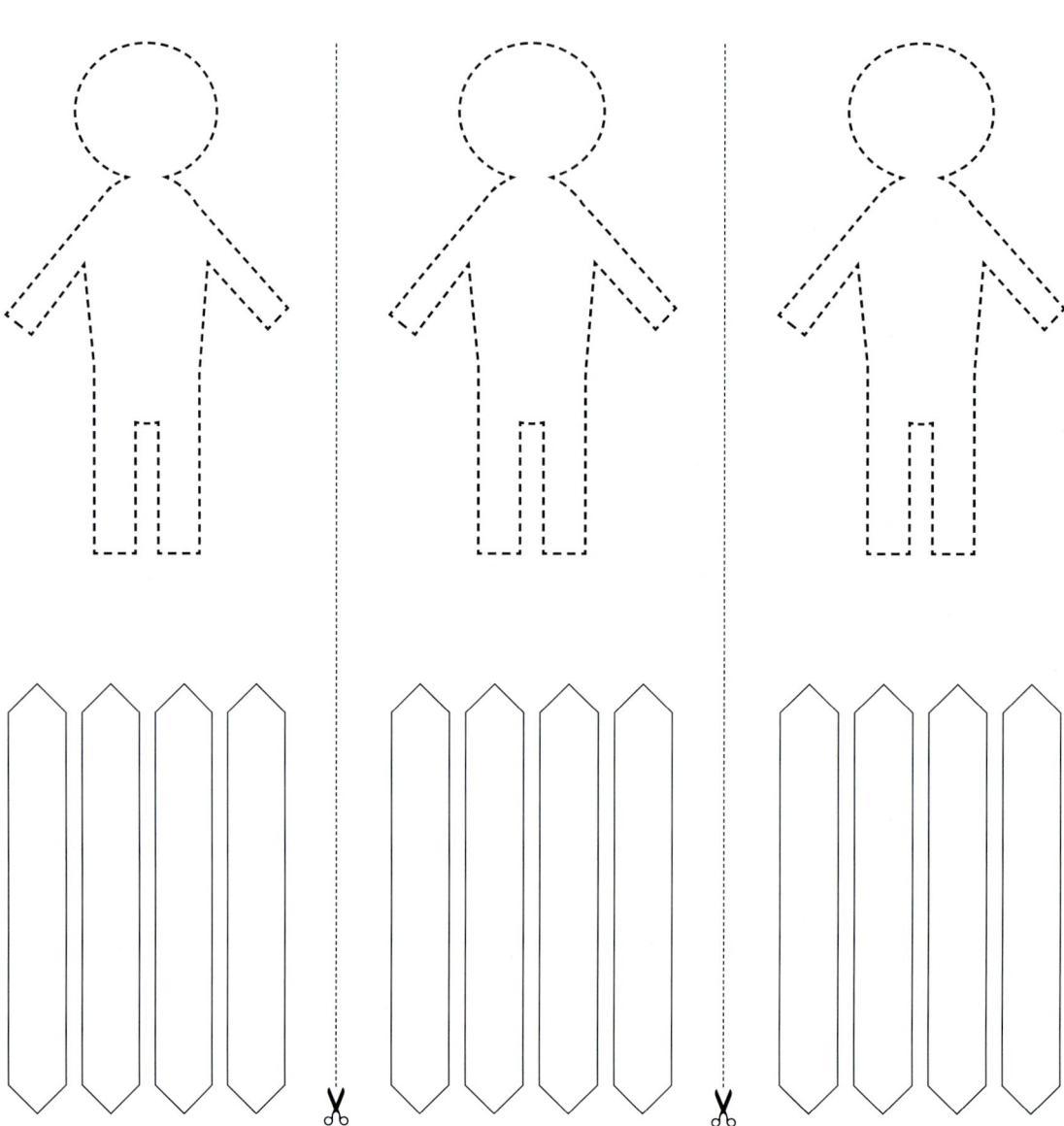

Die Kirche – Zeichen der Liebe Gottes zu uns

 Katechese II **Kopiervorlage für die Arbeit mit den Taufgegenständen**

Kanne und Schale für das Taufwasser:

> In mir befindet sich das Taufwasser. Das Untertauchen im Wasser ist ein Zeichen für den Tod. Das Auftauchen ist ein Zeichen für die Auferstehung. Deshalb hat man früher bei der Taufe Menschen in einem Taufbrunnen untergetaucht. Heute werden Täuflinge meist mit Wasser übergossen. Dazu werde ich gebraucht.

Kerze:

> Ich werde an der Osterkerze entzündet, die ein Symbol für den auferstandenen Christus ist. Mein Licht soll dich an Christus erinnern, der dein Leben hell machen will.

Chrisamgefäß:

> In mir befindet sich heiliges Öl. Wie früher Könige für ihren besonderen Dienst gesalbt wurden, so wird der Täufling für sein Leben als Christ gestärkt.

Taufkleid:

> Mein strahlendes Weiß zeigt, dass der Getaufte von aller Schuld reingewaschen wurde. Noch näher als ein Kleid dem Körper sein kann, will Christus dem Getauften sein.

Alle meine Quellen

Text und Musik: Sr. Leonore Heinzl
© bei der Autorin, Kloster Maria Medingen

Refr. Al-le mei-ne Quel-len ent-sprin-gen in dir, in dir, mein gu-ter Gott. Du bist das Was-ser, das mich tränkt und mei-ne Sehn-sucht stillt.

1. Du bist die Kraft, die
2. Du bist der Geist, der
3. Du bist das Wort, das
4. Du bist der Glau-be,
5. Du bist die Lie-be,
6. Du bist das Licht in
7. Du bist das Lamm, das

Le-ben schenkt, ei-ne Quel-le, wel-che nie ver-siegt.
in uns lebt, der uns rei-nigt, der uns heilt und hilft.
mit uns geht, das uns trägt und uns die Rich-tung weist.
der uns prägt, der uns stark macht, of-fen und be-reit.
die be-freit, die ver-gibt, wenn uns das Herz an-klagt.
Dun-kel-heit, du er-leuch-test un-sern Le-bens-weg.
sich er-barmt, das uns ret-tet, uns er-löst und liebt.

1.-7. Strö-me von le-ben-di-gem Was-ser bre-chen her-vor.

Tanzbeschreibung »Der Brunnen« – meditativer Tanz

MUSIK: CD »The books of secrets« – Loreena Mc Kennitt
2. Stück: »The mummer's dance« (4/4 Takt)
ebenso auch mit anderen Stücken im 4/4-Takt tanzbar

AUSGANGSSTELLUNG: · 2 konzentrische Kreise
· auf Lücke stehend
· je Kreis gleiche Zahl
· an den Händen fassen

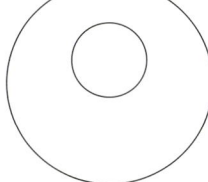

TANZANLEITUNG:

Vorspiel: Mit Beginn des Gesangs fängt der Tanz an

Teil A: **Innenkreis:** Auf 4 Takte vom Boden mit den Händen Wasser schöpfen, Handschale auf Bauchhöhe führen und halten.
Außenkreis: Mit 4 Schritten rechts herum einmal um den eigenen Platz drehen Hände dabei ausbreiten: Das Wasser austeilen (beim ersten Durchgang bleibt der Außenkreis einfach ruhig stehen)

Teil B: **Innenkreis:** Mit 4 kleinen Schritten rückwärts gehen, Handschale behalten
Außenkreis: Mit 4 kleinen Schritten vorwärts gehen, Arme dabei ausbreiten.

Teil C: **beide Kreise** treffen sich jetzt in einem Kreis
Innenkreis: Zweimal wiegen (re, li, re, li), Handschale behalten
Außenkreis: zweimal wiegen (re, li, re, li), Hände unten auf dem Rücken von den Innenkreistänzern links und rechts halten

Teil D: **Innenkreis:** Mit 4 Schritten rückwärts gehen, Handschale behalten
Außenkreis: Mit 4 Schritten vorwärts gehen, Hände ohne Handfassung nach unten hängen lassen

Danach macht der Innenkreis die Bewegungen des Außenkreises und der Außenkreis die des Innenkreises. Das Ganze öfter wiederholen. Am Ende (bei Teil C) wiegen alle, bis die Musik ausgeklungen ist.

Text (1. Strophe) und Musik: Wolfgang Longardt
© Verlag Ernst Kaufmann, Lahr

Tragt in die Welt nun ein Licht

1. Tragt in die Welt nun ein Licht. Sagt al-len: »Fürch-tet euch nicht.«
Gott hat euch lieb, Groß und Klein. Seht auf des Lich-tes Schein!

2. Tragt in die Häuser ein Licht,
   freut euch und fürchtet euch nicht!
   Gott hat euch lieb, Groß und Klein,
   Gott möchte bei euch sein.

Spiegelfolie für Kinderbuch S. 37

Spiegelfolie ist erhältlich in Bastelgeschäften oder bei ALS-Verlag: 06074 / 821650
oder Dusyma: 01805 / 387962

Bastelanleitung Windlicht aus Kinderfiguren

MATERIAL:
- Gold- oder Silberbastelfolie
- Klebestifte oder Heißklebepistole
- Scheren
- Karton für Mustervorlage
- Teelichter
- Bleistifte

KATECHET
- Kopiervorlage auf Karton A4 kopieren (evtl. dabei etwas vergrößern)
- Vorlagen ausschneiden (je nach Teilnehmerzahl auch mehrere)
- Gold- oder Silberbastelfolie auf entsprechende Größe je nach Kinderanzahl schneiden!

KINDER
- Kinder die Vorlagen auf die Folie übertragen lassen
- Ausschneiden der Vorlagen
- Menschenkreis am Klebefalz »Arm« zusammenkleben
- Falze an den Beinenden nach innen falzen
- Falze innen mit Kleber bestreichen
- Kreis von oben in den Figurenring einführen und an den Pfalzen festkleben
- Teelicht auf den Kreis mittig einkleben

Das Sakrament der Versöhnung – Zeichen der Liebe Gottes zu uns

 **Katechese I** **Wortkarten für die Kreismitte**

Freundschaft	Liebe
Krankheit	Freude
Streit	Tod
Frieden	Glück
Krieg	Gewalt

Ich lade Gott ein. Er soll mit mir meinen Tag anschauen.

Ich erinnere mich an das, was ich heute erlebt habe.

Ich überlege, wo mir Gott begegnet ist und wie ich das erfahren habe.

Ich sehe, was mir gut gelungen ist und was nicht.

Ich sehe die Menschen, die mir begegnet sind und frage mich, ob ich gut und gerecht zu ihnen war.

Ich überlege, was ich heute in Gottes schöner Welt erlebt habe und wie ich mit ihr umgegangen bin.

Ich denke an den morgigen Tag und bitte Gott um seinen Segen für mich und alle, die mir wichtig sind.

Reue

Vergebung

Dank

Neuanfang

Materialanhang

Verbinde die jeweils zusammengehörenden Worte und Texte mit Linien.
Schneide dann die Wortkarten aus und klebe sie in dein Buch auf S. 51.

Reue

Ich gehe in das Beichtzimmer. Ich sage dem Priester, wann ich zum letzten Mal gebeichtet habe und was ich mir eben alles überlegt habe, das Gute und die Schuld. Der Priester spricht mich von der Schuld frei. Gott hat mir vergeben.

Vergebung

Jetzt bin ich ein neuer Mensch. Ich will versuchen, manches besser zu machen. Ob mir das gelingt?

Dank

Ich komme in die Kirche. In der Stille kann ich über mein Leben nachdenken. Wofür kann ich Gott danken? Wofür muss ich ihn um Vergebung bitten? Ich bereue meine Schuld.

Neuanfang

Ich danke Gott, dass er mir vergeben hat. Ich überlege, was ich mir vornehmen könnte, damit Gott sieht, dass es mir Ernst mit meiner Reue ist. Gibt es ein Zeichen meiner Dankbarkeit?

Vorschlag für ein Merkblatt als Vorbereitung auf die Beichte

Der Priester **begrüßt** dich und du kannst ruhig zurückgrüßen. Er lädt dich ein, gemeinsam mit dem **Kreuzzeichen** zu beginnen.

Wenn du schon öfter bei der Beichte warst, sagst du: »**Zum letzten Mal** habe ich .... (vor drei Monaten, in der Fastenzeit, vor einem Jahr, ...) gebeichtet. «

Dann sagst du dem Priester, was dir in der Vorbereitung eingefallen ist: »Gottes Liebe habe ich gespürt, als ich ... Gottes Heil habe ich erlebt, als ich ...

Aber ich habe auch Gutes unterlassen und Böses getan und dadurch ist Unheil entstanden. Das war, als ich ...

Ich weiß, dass Gott mir immer nahe sein will. Deshalb bitte ich um Vergebung meiner Schuld. «

Der Priester spricht mit dir über alles, was du gesagt hast. Für die Sünden spendet er dir die **Lossprechung** und sagt: »Gott der allmächtige Vater hat durch den Tod und die Auferstehung seines Sohnes die Welt mit sich versöhnt und uns den Heiligen Geist gesandt zur Vergebung der Sünden. Durch den Dienst der Kirche schenke er dir Verzeihung und Frieden. So spreche ich dich los von deinen Sünden im Namen des Vaters und des Sohnes und des Heiligen Geistes. Amen.«

Der Priester **begrüßt** dich und du kannst ruhig zurückgrüßen. Er lädt dich ein, gemeinsam mit dem **Kreuzzeichen** zu beginnen.

Wenn du schon öfter bei der Beichte warst, sagst du: »**Zum letzten Mal** habe ich .... (vor drei Monaten, in der Fastenzeit, vor einem Jahr, ...) gebeichtet. «

Dann sagst du dem Priester, was dir in der Vorbereitung eingefallen ist: »Gottes Liebe habe ich gespürt, als ich ... Gottes Heil habe ich erlebt, als ich ...

Aber ich habe auch Gutes unterlassen und Böses getan und dadurch ist Unheil entstanden. Das war, als ich ...

Ich weiß, dass Gott mir immer nahe sein will. Deshalb bitte ich um Vergebung meiner Schuld. «

Der Priester spricht mit dir über alles, was du gesagt hast. Für die Sünden spendet er dir die **Lossprechung** und sagt: »Gott der allmächtige Vater hat durch den Tod und die Auferstehung seines Sohnes die Welt mit sich versöhnt und uns den Heiligen Geist gesandt zur Vergebung der Sünden. Durch den Dienst der Kirche schenke er dir Verzeihung und Frieden. So spreche ich dich los von deinen Sünden im Namen des Vaters und des Sohnes und des Heiligen Geistes. Amen.«

Die heilige Messe – Zeichen der Liebe Gottes zu uns

 Katechese I **Vorschlag für den Einladungsbrief zum Gottesdienst**

Liebe ....,

ich freue mich, dass Du bald zur Erstkommunion gehst. Schon vorher möchte ich Dich zu einem schönen Fest einladen. Es findet jeden Sonntag um .... in Deiner .... Kirche statt. Dort kannst Du zusammen mit der Gemeinde Deinen Glauben feiern.
Ich bin auch da und freue mich schon auf Dich.

Viele Grüße von Gott

Liebe ....,

ich freue mich, dass Du bald zur Erstkommunion gehst. Schon vorher möchte ich Dich zu einem schönen Fest einladen. Es findet jeden Sonntag um .... in Deiner .... Kirche statt. Dort kannst Du zusammen mit der Gemeinde Deinen Glauben feiern.
Ich bin auch da und freue mich schon auf Dich.

Viele Grüße von Gott

Kopiervorlage für die Arbeit mit dem Kinderbuch S. 57

Danke, Gott, dass ich hier sein kann.

Danke, Gott, dass ich hier sein kann.

Danke, Gott, dass ich hier sein kann.

Ich bringe mein ganzes Leben mit zu Gott.

Ich bringe mein ganzes Leben mit zu Gott.

Ich bringe mein ganzes Leben mit zu Gott.

Ich bin getauft. Deshalb mache ich das Kreuzzeichen.

Ich bin getauft. Deshalb mache ich das Kreuzzeichen.

Ich bin getauft. Deshalb mache ich das Kreuzzeichen.

Jesus, du bist im Zeichen des Brotes hier.

Jesus, du bist im Zeichen des Brotes hier.

Jesus, du bist im Zeichen des Brotes hier.

Ach, Frau Meier ist auch schon da. Neben der sitze ich immer.

Ach, Frau Meier ist auch schon da. Neben der sitze ich immer.

Ach, Frau Meier ist auch schon da. Neben der sitze ich immer.

Materialanhang

| Ich bin froh, dass … | Ich bin nicht so froh, dass … |

✂ -

| Ich bin froh, dass … | Ich bin nicht so froh, dass … |

✂ -

| Ich bin froh, dass … | Ich bin nicht so froh, dass … |

Jesus, der Herr, nahm in der Nacht, in der er ausgeliefert wurde, Brot, sprach das Dankgebet, brach das Brot und sagte: Das ist mein Leib für euch. Tut dies zu meinem Gedächtnis! Ebenso nahm er nach dem Mahl den Kelch und sprach: Dieser Kelch ist der Neue Bund in meinem Blut. Tut dies, sooft ihr daraus trinkt, zu meinem Gedächtnis!

Wir beten.	
Wir vertragen uns.	
Wir alle sind eingeladen.	
Wir sind ganz dabei.	
Wir bekommen etwas Gutes.	
Wir bedanken uns.	

Das eucharistische Brot – Zeichen de Liebe Gottes zu uns

 **Katechese I** **Bastelanleitung für den Tabernakel**

❶ Ein Zeichenpapier (weiß) genauso hoch, aber doppelt so breit wie der Tabernakel im Kinderbuch (S. 75) wird in der Mitte leicht gefaltet. Anschließend wieder auffalten.

❷ Nun jeweils die rechte und linke Seite auf den Mittelfalz scharf falten.

❸ Die Seiten bleiben geschlossen (=Türflügel des Tabernakels).

❹ Jetzt einmal umdrehen und die gesamte Fläche mit Kleber bestreichen und auf den Tabernakel im Kinderbuch kleben. Die Türen kostbar gestalten. In den geöffneten Tabernakel Kelch oder Hostienschale hineinmalen.

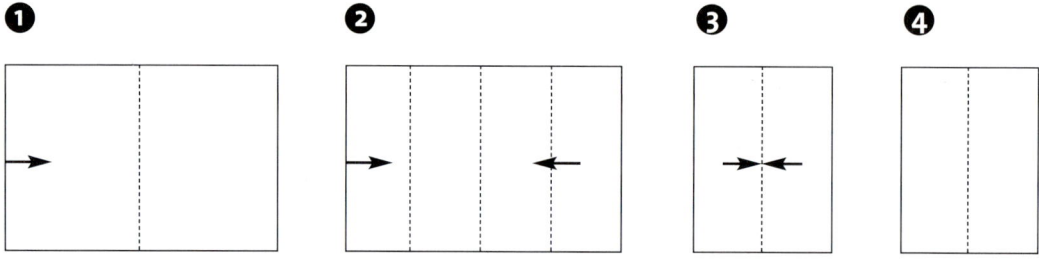

Materialanhang

Jesus, ich bete dich an.

Jesus, ich höre dir zu.

Jesus, ich darf zu dir gehören.

Jesus, du bist so unbegreiflich groß.

Jesus, ich will ganz bei dir sein.

Jesus, ich will in deinem Namen gehen.

Jesus, ich bete dich an.

Jesus, ich höre dir zu.

Jesus, ich darf zu dir gehören.

Jesus, du bist so unbegreiflich groß.

Jesus, ich will ganz bei dir sein.

Jesus, ich will in deinem Namen gehen.

Text: R. Krenzer; Musik: L. Edelkötter
aus: Weil du mich so magst
© KiMu Kinder Musik Verlag, Essen

▶ **Elternarbeit**

Dafür will ich dir danke sagen

Gott, da-für will ich Dir dan-ke sa-gen, dass Du in gu-ten, in schlech-ten Ta-gen

ne-ben mir stehst und mit mir gehst, Dich selbst mir gibst, weil Du mich liebst,

weil Du mich liebst, oh-ne zu fra-gen, mit mei-nem Lied will ich dan-ke sa-gen.

Wir stehen hier um den Altar

Text und Musik: Maria Prochazka, Elisabeth Fechter
aus: Kommt, wir feiern mit Jesus ein Fest
© bei den Autorinnen

1. Wir ste-hen hier um den Al-tar, wer-den still und
2. Wir den-ken an das A-bend-mahl, an die Jün-ger

lei-se, Je-sus ist nun wirk-lich da, auf be-son-de-re
in dem Saal, Je-sus teil-te Brot und Wein, so wird er im-mer

Wei-se. Nicht al-les kön-nen die Au-gen sehn, nicht al-les kann der Ver-
bei uns sein.

stand ver-stehn. Gott ist in Ge-stalt von Brot und Wein un-ter uns.

Mein Leben ist wie ein Haus. Was hat sich heute hinter seinen Fenstern abgespielt? Alles hat am Abend einen Platz bei Gott. Vielleicht entdecke ich, wo er mir besonders nahe war.

Weil dieses Gebet etwas mit Liebe und Aufmerksamkeit zu tun hat, nennt man es das »Gebet der liebenden Aufmerksamkeit«. Probiere es doch einfach einmal aus! Du betrittst dein Haus mit Gott durch die Tür, gehst zuerst nach rechts und dann nach oben.

Ich denke an den morgigen Tag und bitte Gott um seinen Segen für mich und alle, die mir wichtig sind.

Dieser Tag [...] besonderer [...] habe ihn vo[...] bekommen[...] dieser Nach[t...] dich lieb [...] uns morgen [einen] frohen Tag.

Ich überlege, was ich heute in Gottes schöner Welt erlebt habe und wie ich mit ihr umgegangen bin.

Gott, dein[e...] ist so schö[n...] habe ich [...]hen. DANK[E...] Manchma[l...] unachtsa[m...] habe etwa[s...] gemacht.

Ich sehe die Menschen, die mir begegnet sind und frage mich, ob ich gut und gerecht zu ihnen war.

Ich [...] Men[...] Mit m[...] schö[...] DANK[...] es Str[...] auch s[...] Ob ich [...] der gutmachen kann?

Ich sehe, was mir gut gelungen ist und was nicht.

Manches ist mir gut gelungen. DANKE! Manches klappte nicht so gut. Manchmal hatte ich keine Lust, etwas Gutes zu tun. Es tut mir leid. Ich will es wieder versuchen.

Ich lade Gott ein. Er soll mit mir meinen Tag anschauen.

[...] mi[...] du[...] Las[...] dir[...] Tag[...]

Ich erinnere mich an das, was ich heute erlebt habe.

Heute war viel los in der Schule, zu Hau[se], auf dem Spielplatz, beim Klavierunterricht. Vom frühen Morgen bis jetzt. Ich habe viel gesehen, gehört, getan.

Ich überlege, wo mir Gott begegnet ist und wie ich das erfahren habe.

Gott, du warst heute bei mir. Einmal habe ich es ganz deutlich gespürt, als... Aber ich habe dich heute auch vergessen, als ...

46 · 47

Komm herein und nimm dir Zeit

Text und Musik: Kathi Stimmer-Salzeder
Aus »Lied der Hoffnung« 3. Gesamtband 1992
© bei der Autorin

1. Komm her - ein und nimm dir Zeit für dich.
Komm her - ein, viel-leicht er - kennst du dich.
Komm her - ein, tu dei - ne Sin - ne, dei - ne See - le
auf, denn dein Le - ben ist so reich, ach - te dar - auf.

2. Lass es los, was dir die Ruhe nimmt,
lass es los, was dich so traurig stimmt,
lass es los, tu deine Sinne, deine Seele auf,
denn dein Leben ist so reich, achte darauf.

3. Hör' dir zu und suche deinen Ton.
hör' dir zu und du verstehst dich schon,
hör' dir zu, tu deine Sinne, deine Seele auf,
denn dein Leben ist so reich, achte darauf.

4. Geh in dich und setz' die Liebe frei,
geh in dich, denn es ist viel dabei,
geh in dich, tu deine Sinne, deine Seele auf,
denn dein Leben ist so reich, achte darauf.

5. Schau dich an und freue dich an dir,
schau dich an, du bist zum Guten hier,
schau dich an, tu deine Sinne, deine Seele auf,
denn dein Leben ist so reich, achte darauf.

Die Apostel versammelten sich wieder bei Jesus und berichteten ihm alles, was sie getan und gelehrt hatten. Da sagte er zu ihnen: Kommt mit an einen einsamen Ort, wo wir allein sind, und ruht ein wenig aus.

Mk 6,30–31a

56 · 57

Das Zeichen des Brotes – ich kann anbeten

▶ **Was könnte das Kind denken? Klebe die Kärtchen ein!**

Jesus, ich bete dich an.	Jesus, ich höre dir zu.	Jesus, ich darf zu dir gehören.	Jesus, du bist so unbegreiflich groß.	Jesus, ich will ganz bei dir sein.	Jesus, ich will in deinem Namen gehen.

76   77

Inhalt der CD-ROM:
– **Materialanhang dieses Buches**
– **die Erzählvorlagen und Gebetsvorschläge aus den Katechesen**
– **die Lieder aus dem Kinderbuch:**

Seite 13:
Regenbogen – buntes Licht   3:37
T: Reinhard Bäcker; M: Detlev Jöcker
© Menschenkinder Verlag u. Vertrieb GmbH, Münster
Mitwirkende: Kinder und Jugendliche aus den Gemeinden Hl. Dreifaltigkeit, Brandenburg (Havel), und Hl. Kreuz, Berlin-Hohenschönhausen, unter Leitung von Kantor Andreas Wagner, Hl. Kreuz, Berlin-Hohenschönhausen, Mitschnitt vom 12./13. Februar 1999, Ton & Regie: Harald Voigt, Satz & Arrangement: Andreas Wagner

Seite 19:
Gott mag Kinder   2:06
T & M: Daniel Kallauch
© cap-music, 72221 Haiterbach-Beihingen

Mitwirkende: Kinderschola der Gemeinde „St. Elisabeth", Gera, Leitung: Kantor Michael Formella, Kinderschola Werdau, Leitung: Andreas Wenig, Recording: MTA-Musik Team Aust, Mastering: Tower records / Jörg Hering

Seite 31:
Osterlied (Nun freue dich, du Christenheit)   1:00
GL 222
T & M: Mainz um 1410
Mitwirkende: Kinderschola der Gemeinde St. Peter und Paul, Markkleeberg, unter Leitung von Lidka Elsner, Aufnahme und Mix: Mathias W. Elsner (VDT)

Seite 36:
Ich bin getauft und Gott geweiht   2:30
© T: Friedrich Dörr 1970
Mitwirkende: Kinderschola der Gemeinde St. Peter und Paul, Markkleeberg, unter Leitung von Lidka Elsner, Aufnahme und Mix: Mathias W. Elsner (VDT)

Seite 53:
Wir feiern heut ein Fest und kommen hier zusammen   3:18
T: Rolf Krenzer, M: Ludger Edelkötter
© KiMu Kinder Musik Verlag GmbH, 45219 Essen
Mitwirkende: Ludger Edelkötter, die Gruppe Impulse und viele, viele
Kinder
von der CD Wir feiern heut' ein Fest, © KiMu Kinder Musik Verlag
GmbH

Seite 56:
Komm herein und nimm dir Zeit   3:12
T & M: Kathi Stimmer-Salzeder
Aus: »Lied der Hoffnung« 3, Gesamtband 1992
© bei der Autorin
Mitwirkende: Kinder und Jugendliche aus den Gemeinden Hl.
Kreuz, Berlin-Hohenschönhausen, St. Dominicus, Berlin-Gropius-
stadt, Corpus Christi, Berlin Prenzlauer Berg und Hl. Dreifaltigkeit,
Brandenburg (Havel), unter Leitung von Kantor Andreas Wagner, Hl.
Kreuz, Berlin-Hohenschönhausen, Satz & Arrangement: Christian
Thon (Brandenburg), Tonregie: Clemens Müller (Berlin)

Seite 61:
Du hast uns, Herr, gerufen   1:35
T & M: Kurt Rommel
© Strube Verlag, München-Berlin
Mitwirkende: Lörracher Kinderchor, Einstudierung: Dorothee Wal-
ter, Instrumentalgruppe der Pädagogischen Hochschule Lörrach,
Satz und Gesamtleitung: Gerd Watkinson
aus: Kinderlieder zur Bibel, Christophorus 1971, MusiContact GmbH
Heidelberg
Quelle: Deutsche Nationalbibliothek, Deutsches Musikarchiv

Seite 65:
Herr, wir bringen in Brot und Wein   1:35
T: Hans Bernhard Meyer, M: Peter Janssens
aus: Gute Nachricht für alle Völker, 1970
alle Rechte im Peter Janssens Musik Verlag, Telgte-Westfalen
Mitwirkende: Doris Sandrock (Sologesang und Kehrverse), Peter
Janssens und ein Jugendchor (Kehrverse), Klaus Dapper (Flöte),
Jörg Krusch und Gerd Geerken (Gitarren), Michael Burghoff (Bass),
Hartmut Herbers (Schlagzeug)
von der CD Gute Nachricht für alle Völker, alle Rechte im Peter Jans-
sens Musik Verlag, Telgte-Westfalen

Seite 66:
Heilig, heilig, heilig ist Gott   0:45
M: Erhard Quack
© Christophorus Verlag, Freiburg
Mitwirkende: Kinderschola der Gemeinde St. Peter und Paul, Mark-
kleeberg, unter Leitung von Lidka Elsner, Aufnahme und Mix: Ma-
thias W. Elsner (VDT)

Seite 71:
Gott steht hinter dir   2:38
Originaltext: traditionell, Dt. T: Eckart Bücken; M: Reinhard Horn
aus CD Weltsegens-Lieder für Kinder
© und (p) KONTAKTE Musikverlag, 59557 Lippstadt

– die Lieder aus dem Katechenten-Handbuch:

Seite 124:
Alle meine Quellen entspringen in Dir   2:39
T & M: Sr. Leonore Heinzl
Rechte beim Urheber
Mitwirkende: Kinder- und Jugendchor St. Bonifatius, Bernburg, Lei-
tung und Arrangements: Josef Müller, Aufnahme und Mix: Mathias
W. Elsner (VDT)

Seite 126:
Tragt in die Welt nun ein Licht   1:37
T & M: Wolfgang Longardt
aus: CD-Paket Weihnachts-Hits
© Verlag Ernst Kaufmann GmbH, 77933 Lahr
(p) KONTAKTE Musikverlag, 59557 Lippstadt

Seite 140:
Dafür will ich dir danke sagen   3:18
T: R. Krenzer; M: L. Edelkötter
aus: Weil du mich so magst
© KiMu Kinder Musik Verlag, Essen
Mitwirkende: Veronika Backhaus, Sabine Plettenberg, Peter Schnell,
Benjamin und Ludger Edelkötter, der Marienkäfer-Chor und viele
Kinder aus Drensteinfurt und Umgebung (Gesang), Willy Tjong
Ajong / Ludger Edelkötter (Piano / Keyboards), Axel Zinowski (Gi-
tarre), Rudi Marhold (drums), Peter Schnell (Bass), Peter Schnell &
Ludger Edelkötter (Mix), Impulse Musikstudio Drensteinfurt
von der CD Weil du mich so magst. Religiöse Kinderlieder, © 1997
Impulse Musikverlag Ludger Edelkötter

Seite 141:
Wir stehen hier um den Altar   2:34
T & M: Maria Prochazka, Elisabeth Fechter
aus: Kommt, wir feiern mit Jesus ein Fest
© bei den Autorinnen
Mitwirkende: Kinder aus Ludwigslust, Matgendorf und Schwetzin,
Neubrandenburg, Rostock, Schwerin, Teterow, Wittenburg, Tonre-
gie: Harald Voigt